智能时代财务管理转型研究

刘蕴娇　姚天祎　孙骏雅 ◎ 著

吉林出版集团股份有限公司

全国百佳图书出版单位

图书在版编目（CIP）数据

智能时代财务管理转型研究 / 刘蕴娇，姚天祎，孙
骏雅著. -- 长春：吉林出版集团股份有限公司，2024.4
  ISBN 978-7-5731-4997-8

  Ⅰ．①智… Ⅱ．①刘… ②姚… ③孙… Ⅲ．①人工
智能－应用－财务管理－研究 Ⅳ．①F275-39

中国国家版本馆CIP数据核字(2024)第095233号

ZHINENG SHIDAI CAIWU GUANLI ZHUANXING YANJIU

智能时代财务管理转型研究

著　　者　刘蕴娇　姚天祎　孙骏雅
责任编辑　张婷婷
装帧设计　朱秋丽
出　　版　吉林出版集团股份有限公司
发　　行　吉林出版集团青少年书刊发行有限公司
地　　址　吉林省长春市福祉大路 5788 号（130118）
电　　话　0431-81629808
印　　刷　北京昌联印刷有限公司
版　　次　2024 年 4 月第 1 版
印　　次　2024 年 4 月第 1 次印刷
开　　本　787 mm×1092 mm　　1/16
印　　张　13.5
字　　数　235千字
书　　号　ISBN 978-7-5731-4997-8
定　　价　76.00元

前　言

随着人工智能的发展及会计个人职业生涯管理体系发展的迫切需要，金融界和会计界对人工智能技术和财务管理方面进行了透彻而深入的研究，以期将会计和财务管理智能化，最终成功开发出有效的智能处理系统。人工智能能够在基础财会工作中基本替代传统财会工作人员，能够让财务人员从机械性、重复性强、技术含量较低的基础工作中解放出来，有更加充沛的时间来学习专业知识，同时将成本管理会计的理论与实践结合起来。财务人员需要全方位地掌握财会人工智能的工作内容及涉及的范围，持续拓宽专业知识，在实践中同财会人工智能进行良好的合作，实现人机完美互补，从而为企业创造更多价值。只要会计人员满足经济发展和快速变化工作思路的要求，就能积极地适应互联网发展的需求，改进和提高自己，持续充实会计知识，持续改革，拓宽知识面，努力使自己成为管理型、跨学科的人才。

财务管理智能化是利用目前比较成熟的大数据技术来实现的，并且要结合财务管理本身的管理系统来进行实际的应用。财务智能化要对财务基本的数据活动进行分析，从而在数据活动中发现规律和运行模式，这也是搭建财务管理智能化的基础。只有在真实有效的财务数据活动中建立对应的管理模式，才能实现财务管理的智能化，并且要确保财务数据活动在计算机技术的高效运行中能够被精确地分析。同时，智能化的管理辅助措施能够使财务基础的工作逐渐实现机器化，从而高效率地完成核算财务工作。财务管理智能化既是管理模式的转型，也是企业实现减员增效的途径。

在撰写本书的过程中，笔者借鉴了许多前人的研究成果，在此表示衷心的感谢。由于智能化时代财务工作涉及的范畴十分宽泛，因此本书的研究可能存在不足，恳请各位专家、学者及广大读者提出宝贵意见和建议。

目　录

第一章　财务管理基本概述 ……………………………………………… 1

　　第一节　企业财务管理的问题 ………………………………………… 1

　　第二节　财务管理目标 ………………………………………………… 4

　　第三节　财务管理的基本原则 ………………………………………… 9

　　第四节　财务管理的作用 ……………………………………………… 12

　　第五节　财务管理的理论结构分析 …………………………………… 14

　　第六节　财务管理的价值创造 ………………………………………… 16

　　第七节　财务管理环境变化对现代财务管理的影响 ………………… 20

第二章　智能时代背景下财务管理的创新理念 ………………………… 25

　　第一节　绿色财务管理 ………………………………………………… 25

　　第二节　财务管理信息化 ……………………………………………… 29

　　第三节　财务管理与人工智能 ………………………………………… 33

　　第四节　区块链技术与财务审计 ……………………………………… 37

　　第五节　网络环境下的财务管理 ……………………………………… 42

第三章　人工智能与财务管理 …………………………………………… 46

　　第一节　人工智能概述 ………………………………………………… 46

　　第二节　人工智能技术对财务管理的推动 …………………………… 54

第四章　智能财务分析 …………………………………………………… 58

　　第一节　智能财务概述 ………………………………………………… 58

第二节　智能财务的构成要素与基本框架 ·················· 61

第三节　智能财务的建设思路 ···························· 62

第五章　智能时代财务共享理论研究 ··············· 66

第一节　财务共享的内涵及理论基础 ···················· 66

第二节　财务共享的发展历程 ·························· 73

第三节　"大智移云"技术对传统财务共享的冲击 ········· 74

第四节　智能财务共享服务中心概述 ···················· 81

第五节　"大智移云"时代财务共享理论与实务的拓展 ····· 83

第六节　创新智慧财务共享发展模式 ···················· 88

第六章　智能财务共享的信息化支撑 ············· 103

第一节　财务共享系统总体框架 ······················· 103

第二节　财务共享系统的五大平台 ····················· 107

第三节　财务共享云 ································· 114

第七章　智能时代财务组织与模式变革 ··········· 118

第一节　智能时代财务组织的简化 ····················· 118

第二节　智能时代财务管理策略 ······················· 121

第三节　智能时代的财务团队 ························· 128

第四节　智能时代的财务创新 ························· 132

第八章　智能化财务管理内部控制 ··············· 137

第一节　内部控制的概念及其发展 ····················· 137

第二节　智能财务内部控制的特点 ····················· 145

第三节　智能财务内部控制体系的设计原则 ············· 151

第四节　智能财务内部控制的实现 ····················· 156

第九章　财务管理智能化实现探索 ··············· 167

第一节　财务分析智能化的实现及应用 ················· 167

　　第二节　财务决策支持系统智能化 ·············· 170

第十章　智能化财务管理未来发展 ·············· 184

　　第一节　呈现财务云趋向 ·············· 184

　　第二节　财务外包 ·············· 191

　　第三节　创新财务会计理论 ·············· 195

　　第四节　实现财务会计信息数据共享 ·············· 200

参考文献 ·············· 205

第一章　财务管理基本概述

第一节　企业财务管理的问题

近几年来，计算机技术在我国的快速发展冲击着我国的传统财务管理模式，给我国的经济发展带来了巨大挑战。在现代市场经济环境的影响下，现代企业对财务管理提出了新的要求，需要财务管理趋于现代化、信息化和规范化。现行的财务管理模式越来越不适应社会的高速发展和科技的不断进步，如果不对其进行变革和创新，将不利于现代企业的发展。

一、财务管理的基本概念

现阶段，人们普遍认为财务管理就是对公司经营过程中的财务活动进行预测、组织、协调、分析和控制的一种管理活动。还有一种观点认为，财务管理是一种匹配活动。为此，我们可以将财务管理的内涵定义为对公司生产经营过程中的费用进行管理，管理时可以采取计划、控制等办法，它是一种财务活动管理的过程。目前，我国财务管理的主要内容包括五个方面，分别是资本结构控制、资金控制、预算控制、对外投资控制及重大工程项目控制。现阶段，财务管理的关键在于对资金流动过程的控制，而对资本结构的控制就成为企业管理控制权的决定元素。

二、财务管理对企业的作用

财务管理对企业的兴衰成败起着直接作用，所以企业非常重视财务管理的统领性、时效性和控制性。

财务管理影响着企业的各个环节、各种活动的正常开展。财务管理需要进行变革，但怎样变革才能使企业效益最大化是我们必须考虑的，这就需要财务管理能够与时俱进，与企业的发展并进。

财务管理的日益普及更加证明了财务管理的重要性，它在企业管理中具有核心意义。企业通过精准成本结算、强化风险意识、对财务支出和收入做更加严格的记录、在预算方面不断进步、加强信息化和科技化等手段，可以使财务管理更加有效。

三、企业财务管理建设的可行性因素分析

（一）有利于避免出现资金滥用现象

资金是企业生存发展的源泉与动力，也是企业业务活动顺利实施的前提条件，资金管理在企业财务管理中的作用不容忽视。财务管理建设可以对资金滥用现象的发生起到一定的控制作用。企业要从自身实际出发，选择最为适宜的方式进行筹资，确保资金的充足，并对资金加以合理的分配，以防资金滥用现象的出现。

（二）有利于提升会计信息质量

会计信息质量是企业决策的重要参考依据之一，加强财务管理建设对于会计信息质量的提升极为有利，可以进一步完善内控制度，严格监督企业领导和财务人员的工作行为，做到相互促进、相互制约。同时能够保证财务人员依法行使自身的权利，并积极履行自己的义务。

四、企业财务管理建设中存在的不足之处

（一）企业财务管理与企业战略管理有所脱节

企业要明确财务管理工作的关键目标，从提高企业战略来发展效益。但是，一些企业在财务管理工作中，仍然采用较为传统的财务管理模式，没有使财务管理工作与企业战略目标融合在一起，导致出现了脱节现象，进而使企业生产经营活动中的财务管理职能没有充分体现出来。同时，企业现金管理、应收账款管理以及财务控制机制的刚性力度存在不足，大量潜在风险乘虚而入，不利于企业的健康发展。

（二）企业财务信息化力度严重不足

在新经济时代的影响下，诸多企业构建了完善的财务信息化管理体系，这将会大幅度提升财务管理运作效率。只有构建完善的财务管理系统，才能增强财务管理流程的迅速性与便捷性。然而，一些企业的财务信息化并没有从财务工作层面过渡到财务管理层面，财务管理模式并没有发生实质性的变化，很难及时了解企业实际的产、销、存等情况，进而未能对企业的生产经营活动进行指导。由于财务信息化不足，财务管理部门中极容易出现"信息孤岛"现象，无法与企业其他部门实现数据信息的实时共享。

（三）融资难度比较大，存有投资风险

（1）企业在获取资金过程中困难比较多。一些企业会通过银行机构来进行资金的获取，然而银行有着较多的贷款条件限制，企业获得资金的难度普遍提高，在一定程度上增加了企业的融资成本。同时，由于一些企业经营规模比较小，缺少较强的借贷能力，再加上资产产权模糊、缺少抵押资产等因素的限制，如果发生违约行为，银行和其他金融机构很难将贷款的本金和利息一并收回，所以银行和其他金融机构的贷款形式以及手续比较复杂、烦琐，与借贷条件存在严重的差距。

（2）企业自身限制性条件比较多，投资能力并不高，存在着一定的风险。一些企业在投资过程中，没有进行深入的调研工作，也没有对项目投资的可行性进行科学论证，过于强调短期目标，缺少科学的财务预测、决策预算及分析，投资信息的准确性难以保证，资金链条断裂的现象经常发生，稍有不慎，将会造成巨大的投资风险。

五、市场经济下企业财务管理面临的挑战

财务管理本身就具有系统性和复杂性的特点，再加上财务管理在商业市场经济中有巨大压力，这些都使得财务管理工作面临着严峻的挑战。它在执行过程中的一些问题也逐步显现。

（一）财务管理目标多元化难度增加

市场经济的发展给企业带来了巨大的挑战，迫使企业不得不在许多方面取得进步和革新。作为企业管理中比较重要的财务管理，当然会面临多种困难，

这主要体现在财务管理内容的增加和任务的增重上。现行的财务管理方式越来越难以保证财务管理工作的完美展开。

企业的发展使企业的经营范围和活动领域不断扩大，这些都促使企业在不同的发展阶段采取不同的财务管理方式。只有这样，才能为企业的管理提供保障。要想充分发挥财务管理的作用，就必须使其适应市场经济发展的大环境以及企业发展阶段的独特性。

（二）财务资源配置的科学性有待加强

各个企业在财务资源配置上总会出现一些问题，如融资、筹资方面的问题。其中渠道不通造成的资金不足问题最为明显，这会使企业缺乏足够的资金用于扩大生产。资金的缺乏当然会影响财务资源配置的科学性，进而导致企业难以扩大生产，难以取得长久的、可持续性的发展。

（三）财务管理趋向信息化有待加强

信息化高速发展的中国对企业中的财务管理提出了一系列的新要求、新任务，但很多企业在财务管理方面还停留在过去传统的财务管理体系中，难以做到与时俱进，不愿意接受时代的变化进行改革，因此难以符合现代信息化社会的要求，难以迅速获取准确的信息。

大多数企业中的财务管理人员没有接受过严格正规的岗前培训，对财务管理没有正确的认识。他们对财务管理信息化不了解，难以按照现代化的要求进行工作，导致财务管理工作信息化的效率不高，作用难以得到完全发挥。

目前，加强财务管理建设是企业各项管理工作的重要环节，在企业发展中占据着极其重要的地位，已经成为企业内部普遍关注的焦点性话题。企业要想更好地适应变化多端的市场竞争环境，就必须高度重视财务管理这一环节，不断提升财务管理的运作效率，在企业内部创建氛围浓厚的财务环境，并为企业提供更加良好的利润空间，为企业的发展注入强大的生命力。

第二节　财务管理目标

财务管理目标服务于企业目标，是企业实施财务管理活动期望实现的目标。财务管理目标对企业发展具有重要作用，合理的财务管理目标是企业持续经营和发展的前提。只有确定了合理的目标，财务管理工作才有明确的方向，企业的各项财务活动才能顺利开展。因此，企业应立足于市场经济体制的要求，并根据自身的实际情况，科学合理地选择、确定财务管理目标。

企业的财务管理活动受环境制约，并受多种因素影响。各种因素纵横交错、相互制约。作为理财活动的重要环境因素，资本市场的完善程度对财务管理目标的影响尤为突出。现代企业两权分离，信息不对称现象普遍存在。探索如何基于信息不对称的现状确立合理的财务管理目标，是企业需要认真思考的重要问题。

一、企业财务管理目标研究现状

究其发展历程，财务管理目标众多。当今关于财务管理目标的探讨，股东利益最大化和相关者利益最大化是两个最主要的观点。股东利益最大化观点的出现早于相关者利益最大化。

股东利益最大化是指管理层应该努力通过财务上的合理经营，为股东带来更多的财富。持有该观点的人认为，资本是企业中最重要的要素，管理者应该尽最大努力为股东赚钱，以增加社会价值。著名学者哈耶克曾指出，为股东赚钱与履行社会责任是可以并存的。埃巴则更立场鲜明地认为，只有把股东利益放在第一位，才能使社会褔利最大化。股东利益导向公司的财务模式和理论，被批评为对企业员工、顾客、环境等利益相关者的利益不够重视，从社会学和经济学的角度来说就是不负责任。

随着知识经济和科学技术的迅猛发展，资本以外的其他要素对企业而言越来越重要，股东之外的其他利益相关者的地位也有所提高。有学者认为在这种情况下，从可持续发展的角度而言，企业只关注股东利益已经与社会经济发展要求不相符，应予以改变。企业财务管理目标应当考虑包括股东在内的所有利益相关者的利益。他们认为，以相关者利益最大化作为企业财务管理目标，取代之前的股东利益最大化目标，可以有效弥补股东利益至上而忽略其他相关者利益的不足，符合企业长期可持续发展的要求。然而，随着研究的深入，也有众多学者对兼顾所有利益相关者利益最大化观点提出质疑，认为相关者利益最大化治理模式实际上是将股东利益最大化的负外部性内部化到公司治理中，在现实条件下存在明显不足。首先，利益相关者利益定位不明确；其次，利益相关者间利益有冲突，难以实现利益最大化；最后，利益的分配难以量化，不具有可操作性。

财务管理目标是企业财务理论的重要内容，在一定程度上决定了财务管理的组织、原则及其方法体系，直接影响着企业的实际财务管理活动。不同财务管理目标对企业财务管理运行机制产生着不同的影响。因此企业需要明确界定合理的财务管理目标，从而进一步优化企业的财务管理行为，实现财务管理活动的良性循环与发展。

二、企业财务管理目标的特征

（一）阶段性与层次递进性

企业财务管理目标的确定并不是一成不变的，企业的财务管理目标会随着企业规模和发展阶段的变化而变化。财务管理目标具有一定的阶段性，表现在不同时期理论界的不同观点；而每一种观点在其特定的发展阶段都具有一定的科学合理性，并随着外部环境的变化而不断演进与发展，因此财务管理目标具有一定的层次递进性。

（二）对企业目标的依从性

财务管理属于企业经济管理活动的一个重要组成部分，因此财务管理目标应依从于企业目标的确定与实现，企业财务管理目标与企业目标应具有一定的依从性。

目前，企业目标主要归结为生存、获利与发展，企业财务管理目标应依从于企业目标，最终实现企业的持续健康发展。

（三）相对稳定性

尽管企业不同发展阶段的财务管理目标有所不同，但企业不能随意调整财务管理目标，需要保证财务管理目标具有相对的稳定性，否则将无法科学引导企业开展财务管理活动，无法实现预期的财务管理目标。这也是企业科学界定财务管理目标的重要意义所在。

（四）可操作性

目标具有一定的可操作性才能更好地实现，因此企业财务管理目标的界定应具有一定的可操作性，通过引导企业财务管理活动实现其预定的财务管理目标。现实中财务管理目标可以有很多种，但并不是所有的财务管理目标都能够被理论界与实务界接受，关键在于其是否具有较好的可操作性。

三、企业财务管理目标具体类型的形式

（一）追求利润最大化

企业设立的目标是赚钱，利润是企业的生命线。将利润最大化作为企业的财务管理目标，符合企业设立的基本目标。对投资者和利益相关者来说，利润事关其根本利益，利润最大化对他们都是有利的；对企业来说，利润是企业在竞争中求得生存和发展的基本条件，企业赚取的利润越多，表明企业发展经营得越好，抵御风险的能力越强，越接近企业的发展目标；对社会发展来说，企业为社会增加了巨额财富，对社会的发展和进步是有利的。

（二）追求企业价值最大化

企业价值最大化管理目标是指企业采取最佳的财务政策，合理经营，充分发挥财务管理的作用，促进企业长期稳定发展，不断提高盈利能力，实现企业资产总价值的最大化。企业价值最大化是长远目标，它既考虑了投资者投资价值的变化，也考虑了短期利润中未能反映而又对企业长远发展影响深远的因素；既反映了股东对公司的期望，也反映了外部对公司的评价；同时与财务管理的短期目标及整个社会的经济目标进行了较好的结合，赋予企业生产经营和财务活动更广阔的视野，产生更深远的影响。

（三）股东财富最大化管理目标

现代股份制企业是由若干处于竞争合作关系的股东按照契约关系形成的集合体。股东对企业投资，成为所有者，目的就是获取更大利益。股东都希望企业成功经营，实现自身利益，但由于利益需求不同存在竞争与对抗，使得企业财务管理很难具有一致的目标。但毕竟股东是企业资本投入者，承担的风险最大，而且股东的利益相较于其他利益相关者是最后得到满足的，实现了股东利益最大化，也就是保证了其他相关利益者的利益。因此，在财务决策中，财务管理需要以股东利益最大化为目标。

（四）追求企业可持续发展能力最大化

企业可持续发展能力最大化目标要求企业财务管理要以人为本，同以物（利

益）为中心的观念相比较而言，其更加注重人力资本投资，培育企业长期持续发展的能力，实现企业的可持续发展。企业可持续发展能力最大化不单单是一个量的概念，同时具有潜在的获利能力、职工生活质量的提高、社会生态环境的改善及资源的优化配置等多方面质的含义。

四、企业财务管理目标的现实选择

按照现代企业理论的观点，企业是股东、债权人、管理层、职工等多边契约关系的总和。对企业的发展而言，股东、债权人、职工等都是企业的利益相关者，在整个契约关系中缺一不可。因此，仅考虑股东财富最大化容易导致企业忽略甚至侵害其他相关者的利益。从客观上说，企业财富的增加会使各相关者的利益得到较好的满足，而各利益方良好的合作关系也会更好地促进企业价值的提升，从而形成良好的互动，实现财务管理的良性循环。因此，企业应协调相关各方的利益，追求企业相关者利益的最大化，进而提升企业整体价值，实现企业的持续健康发展。

为了更好地发挥财务管理目标的导向作用，企业确定财务管理目标体系应注意以下问题。

（一）财务管理目标应有助于促进企业的发展

企业财务管理目标应有助于实现企业目标，促进企业的持续发展。企业要生存、获利和发展，就需要通过财务管理活动合理控制成本，提高收入水平，并尽可能控制可能存在的风险，从而保证企业能够顺利开展经营活动，保持良好的发展势头。因此，随着企业外部和内部环境的变化，企业财务管理目标也应呈现一定的动态调整性，以顺应不同环境下企业发展目标的要求。

（二）明确界定财务管理总目标与分层次目标

企业财务管理目标具有一定的系统性，这就要求企业在界定总目标的基础上进一步细化分层次目标，并保持一定的综合性和系统性。财务管理总目标界定为相关者利益最大化目标，在此基础上细化不同阶段的财务管理目标，并保持一定的递进关系和发展。如在企业初创阶段，财务管理应细分目标着眼于合理安排资本结构，满足企业发展的资金需求并科学开展投资分析决策活动。

（三）综合衡量财务管理的近期目标和长远目标

财务管理目标体系应注重近期目标与长远目标的协调统一。具体来说，企业财务管理的长远目标是实现企业的持续健康良性发展，是一个财务管理活动的导向性目标；近期目标则根据企业实际生命周期和财务活动的特点进行确定，如降低财务风险、加强成本控制管理、提高投资报酬率等具体目标。

第三节　财务管理的基本原则

财务管理是企业经营与发展过程中的一项重要活动。在复杂的市场环境下，企业要想实现持续健康发展的目标，就必须高度重视财务管理，通过部门职能的发挥来探索出一条科学且可持续的企业发展道路。在全面把握财务管理特殊性的基础上探讨财务管理基本原则，对于企业的综合发展具有重要意义。

一、财务管理的特殊性分析

（一）不可简单性地节约支出

财务管理的特殊性之一就在于不能够简单地将财务管理看作节约支出方式。受传统财务管理理念的影响，部分企业一般将财务成本核算看作财务管理，使得财务管理过程中相关管理人员普遍以节约支出作为财务管理的主要方式，试图通过此种方式来维护企业的经济效益。但在当前市场经济条件下，经济利润并不是唯一的财务管理目标。由于市场环境复杂并且具有动态化特征，无论是在产品价格方面还是在产品周转方面，都促使节约支出向节支降耗转变，旨在降低企业的成本效益，从而改善财务管理成效。

（二）并非单一化的财务部门管理

当前财务管理中普遍存在重财务部门管理而轻部门协调联动的情况。实际上财务管理的特殊性就在于，其并不是单一化的财务部门管理，而是需要多个部门的协调配合，围绕战略目标，以信息技术为支持，落实财务管理，科学控制成本与风险，从而维护企业的收益。

（三）不可忽视其他管理工作

财务管理是一项重要的管理工作，但与此同时，不可忽视其他管理工作的协调性，这直接关系着企业价值的体现及战略目标的实现。对于企业来说，无论是生产、营销还是质量管理，都是企业发展过程中的重要内容，要全面把握企业发展的现实情况，在日常管理中实现财务管理与其他管理的协调配合，从整体上提升企业财务管理水平。

二、财务管理的本质特征

就企业经营发展的现实情况来看，财务管理实际上就是一种资金运动，也可以称为一种价值运动。财务管理是以资金为对象所开展的筹集、运用与分配等活动，通过资本运作来提升价值，维护企业的综合效益。财务管理致力于实现利润最大化，确保股东财富目标得以实现，促使企业价值实现不断增长，降低企业资金风险，并且为企业的持续健康发展提供有力支持。

三、财务管理的基本原则

（一）系统原则

财务管理的落实要遵循系统原则，就是要立足企业发展现实需求来开展综合分析，注重系统优化，围绕财务管理目标开展财务管理，确保财务管理系统的整体性，通过系统价值的发挥来为财务管理服务。

（二）弹性原则

在现代经济形势下，复杂的市场运行环境，导致财务管理面临着复杂的形势。企业要想逐步提升市场竞争能力，就必须遵循弹性原则开展财务管理，从而更好地应对市场变化，推进财务管理工作的高效开展。

（三）货币时间价值原则

一般情况下，商品通过货币形式来展现价值。在现代市场经济条件下，商品的支配主要依靠货币来实现；而从货币价值与商品支配的关系来看，现在货币价值与未来货币价值相比要明显处于较高水平。对于企业来说，若想持续创造价值并获得收益，就必须落实财务管理，遵循货币时间价值原则，合理配置货币资金。在不同时间点，为保证货币换算的准确性，就必须确保所换算的时间点是相对应的，从而确保财务管理工作能够得到规范开展。

（四）资金合理配置原则

资金是财务活动中的核心和关键，无论是资金筹集、利用还是分配，都必须遵循合理配置的原则，这也是财务管理的基本原则，关系着企业的经营和发展。一旦资金配置的科学性不足，极易影响企业资金链的正常运转，严重情况下可能会导致企业无法购进材料与设备，无法偿还银行贷款，等等，从而在一定程度上加剧企业财务风险，甚至会制约企业的发展。对于企业财务管理来说，资金合理配置原则是一项基础性原则，能够实现资金的最大化利用，从而为企业经营发展提供可靠的资金支持。

（五）收支平衡原则

企业经营过程中的收支，一般以财务指标和数据测算作为主要方式。在确定收支平衡点之后，对复杂的市场环境采取可行的财务管理方式，可保证财务管理系统运行的稳定性与可靠性。在这一过程中，要注重收支平衡系统与风险预警系统的构建。在制订财务管理方案的基础上，要结合指标偏离情况建立修正方案，合理调整企业财务管理方式，促进企业经营战略的优化，为企业发展战略目标的实现奠定良好的基础。

（六）成本、效益、风险权衡原则

在现代市场经济环境下，成本、效益与风险都是企业财务管理过程中必须重视的内容，关系着企业的经济效益与运营风险。就现实情况来看，大部分企业都试图通过低成本与低风险来获得高效益，但实际上成本、效益与风险之间存在着密切的联系，只有当三者之间达到一种平衡状态时，才有助于财务管理目标的实现。也就是说，财务管理工作的开展，要明确相对固定的某种条件，从这一条件出发来优化配置资源，从而采取可行的财务管理策略。一般情况下，当风险一定时，通过财务管理来优化配置成本以获得较高的收益；当收益一定时，通过成本控制或者风险控制来推进企业持续经营发展。

通过以上研究可知，企业在可持续发展过程中，要落实财务管理，就必须对财务管理的特殊性形成正确的认知。在明确财务管理本质特征的基础上，遵循财务管理基本原则，有侧重点地落实财务管理，提升财务管理水平，切实提升企业市场竞争能力，促使企业更好地适应市场环境，逐步实现稳定有序的发展。

第四节　财务管理的作用

随着市场经济的发展，企业之间的竞争越来越激烈，财务管理在企业中的地位也更加重要。在新的经济环境下，企业财务管理的内涵、功能和地位等都发生了深刻的变化。在新的市场环境下，企业对财务管理给出了新的定位。

一、制约财务在企业管理中的地位和作用的因素

（一）日常操作不规范，工作落实不到位

目前，很多企业的财务工作存在各种问题，比如科目滥用、信息失真、账目不清、手续简化等。更有私设小金库、虚假记载，没有定期对库存现金进行盘点，会计凭证和账目核对不准，财务人员监管不力等问题，使得账证不符、账实不符的现象普遍存在。

（二）财务管理职责混乱

由于企业自身的原因，很多企业的财务监管人员不能独立行使自己的监督权，对企业财务工作中出现的种种问题，财务监管人员无法做到有效的监管，导致财务工作中很多漏洞无法被发现和更正。财务监管人员监管不到位，管理人员管理不当，企业的财务管理职责混乱导致企业的管理出现恶性循环。

（三）人员设置机构不合理

随着市场经济环境下经济知识的不断更新，很多企业在内部的机构设置上出现了问题。企业财务人员也缺乏相应的专业素养，并且理财观念滞后，缺乏一定的主动性和创新能力。

二、确立财务管理在企业管理中的中心地位

（一）盘活存量资产，处理沉淀资金，加快资金流动性

目前我国企业资金闲置现象比较普遍，一方面是由于企业存在很多不用材料和设备；另一方面是企业贷款较重，在资金的运用方面有待改善。针对这一

问题，企业应当每年集中进行盘查，列出积压清单，及时列出报废资产，并尽可能地将报废资产转为货币资金。

（二）编制资金使用计划，加强资金平衡工作，充分发挥资金调度作用

一方面，企业为了维持正常的运作，要对资金进行合理分配。企业要采取适当的措施进行资金的统一安排，根据任务的轻重缓急合理安排工作顺序。另一方面，企业要安排财务部门将各部门的用款计划进行呈报，确保资金的合理使用。

（三）人才管理是确立财务管理中心地位和作用的前提

人才是十分重要的发展动力。对企业的财务管理而言，领导干部必须具备一定的财务管理素质，要加强对财务管理相关知识的学习，比如税收、金融、财务等法律法规；同时要重视财务管理，积极参与财务管理活动。财务干部也要及时参与企业的经营管理和重大决策，不断学习财务管理理论知识，树立终身学习的理念。

随着市场经济的发展，企业财务管理的作用越来越重要。我国企业的财务管理中存在诸多问题，比如日常操作不规范、工作落实不到位、财务管理职责混乱等，企业应当通过盘活存量资产、处理沉淀资金、编制资金使用计划、重视人才管理等方面来加强企业的财务管理，让财务管理发挥更重要的积极作用，促进企业的持久发展。

三、财务管理在企业运营中的作用

（一）生产经营

随着我国市场竞争压力的增加，企业在生产经营过程中会遇到各种问题，其中成本的浪费和资金的流失对企业而言是致命的，对于财产风险的把控不足，会导致企业出现亏损或倒闭现象。财务管理在企业运营中具有风险掌控的作用，帮助企业进行风险分析和控制，提高企业在市场变化中的生存能力。财务管理不仅可以提高企业市场竞争中的财务风控能力，还能减少企业的投资成本，实现企业利润最大化，扩大企业的市场营销数量，提高生产销售总值。科学的财务管理方式还能够提高资金的周转速度，通过借贷和运营的结合，为企业的市

场竞争提供决策信息，强化企业资本结构的稳定性和合理性。财务管理能够从根本上减轻企业资金上的困难和负担，通过专业的科学化成本分析计算，结合企业自身的现状，为企业进行合理的资本结构转化，降低财务风险，提升企业的总利润值，增强企业的科学决策能力。

（二）企业管理

财务管理不仅能提高企业生产经营的能力，提升企业的利润值，还能够提高资金的利用率。企业的发展离不开资金的管理，在投资效益的分析过程中，如何通过财务管理将企业投资成本降到最低，是保障企业持续性发展的关键。在财务管理部门，需要进行人员的评价考核，对其专业性进行考察，确保企业在财务管理中的专业化标准。在财务管理工作中要加强对财务人员的考核评定，建立完善的评价机制；对企业管理人员更要监督约束，加强对企业资金的管制，防止出现企业资金无故流失的现象。管理财务就是管理企业，财务是企业发展的命脉，因此加强企业的财务管理，实现企业资金成本控制的多元化管理，针对企业发展现状和市场变化进行资金投入，可以保证企业管理的健康稳定。

第五节　财务管理的理论结构分析

随着社会的发展，财务管理越来越受到人们的重视，在企业的管理和发展中发挥了很大的作用。财务管理的实体是先于财务管理理论发展的。我国的财务管理理论相较于其他国家出现得较晚，且不够健全；同时我国的财务管理实践需要科学化的财务管理理论作指导，以规范财务管理人员的言行，促进我国财务管理的发展和进步。

一、财务管理理论结构概述

财务管理理论是在之前的财务管理实践的基础上进行归纳和总结，然后在实践中加以发展、总结，得出系统化、科学化、合理化的财务管理指导思想，继而发展成为一套理论。财务管理理论可以使财务管理工作更具有科学性和有效性，以发挥财务管理工作的最大作用。

二、我国财务管理理论结构研究的现状

我国财务管理理论结构，以财务管理环境为起点、财务管理假设为前提、财务管理导向为目标，由财务管理的基本理论、财务管理的应用理论构成的理论结构。

（一）我国财务管理理论的内容不完整

我国财务管理理论主要是针对财务管理的对象、原则、方法等，对于财务管理上的假设和目标的实现管理的力度严重不足，缺乏财务管理的科学机制，财务管理人员缺乏系统的、科学的财务管理理论作为理论依据。我国企业也没有将财务管理纳入企业管理的体系中，财务管理理论呈现出一派混乱的状态。

（二）我国财务管理理论的层次不明确

我国财务管理理论结构对于新出现在财务管理中的问题只是进行无条件的累加，并没有对其进行系统、科学的分类，这样就无法明确财务管理理论结构中的要素，导致财务管理理论结构的层次不明显、界定混淆，使得财务管理人员不能正确地对财务管理对象进行分类，使得财务管理人员的工作效率降低。

（三）我国财务管理理论的逻辑不严谨

科学、系统、合理的财务管理理论结构能够使财务管理工作前后呼应，能够充分体现出逻辑性、科学性，使财务管理工作具有明显的条理性。如果财务管理工作没有严谨的逻辑作为指导主线，就会大大减弱财务管理的作用，影响财务管理理论结构的发展。

三、财务管理理论结构的构建

（一）财务管理理论的基础

财务管理理论的基础，主要是指财务管理环境、财务管理假设、财务管理目标这三者之间的关系和发展状况。财务管理环境是进行财务管理工作的逻辑起点，一切的财务管理工作都是围绕这个出发点开始的，也是以它为基础开展一切工作的；财务管理假设主要研究财务的主体以及市场投入产出之间的比例，是构建财务管理理论结构不可缺少的组成部分；财务管理目标是指开展财

务管理工作将要达到的目标或者目的，是在财务管理环境和财务管理假设的基础上建立的，对涉及财务管理的业务具有导向作用。财务管理目标既是对财务管理环境和财务管理假设的总结，又可以指导财务管理工作的开展。目前，我国实行的市场经济，使财务管理理论所承担的压力变大，能对市场经济的资金进行合理的分配和支出，能够实现经济效益最大化。

（二）构建财务管理的基本理论

财务管理工作的开展需要遵循一定的原则和方法。财务管理的内容、财务管理的原则、财务管理的方法都是财务管理的基本理论，从这三个方面入手，可以保证财务管理理论的科学性和合理性。财务管理工作主要是针对企业筹资、投资、营运及分配等方面开展的。财务管理原则可以有效地约束财务管理工作的行为，可以使财务管理理论更加科学化、系统化。把财务管理的内容与财务管理的目标联结在一起，能够提高企业决策的正确性。

（三）建立财务管理通用业务理论

财务管理通用业务是指一般企业都具有的财务管理工作，属于比较大的范围。在财务管理通用业务中可以对企业的筹资、投资、营运等业务进行系统的总结和研究，可以指导财务管理向着正确的方向发展，可以为财务管理理论的建立提供强有力的事实依据，可以提高财务管理理论结构的科学性。财务管理理论结构的建立，实际上是为财务管理工作提供一个比较大的框架，任财务管理工作者在这个框架里发挥，也为企业的财务管理中的资金支出情况做系统分配，从而确保在财务分配上存在"公平性"。

综上所述，财务管理理论结构为企业财务管理工作的开展提供了强有力的理论依据，同时财务管理理论结构的建立受到多方面因素的影响和制约。但财务管理理论在我国财务管理工作中具有很高的地位，因此要形成一套逻辑性强、科学化、系统化的财务管理理论，以确保我国财务工作开展的正确性和有效性。

第六节　财务管理的价值创造

财务管理是企业管理的重要组成部分，是实现企业价值最大化经营目标的重要手段。财务管理价值创造能力的水平越高，其在企业价值创造中的地位越高，为企业创造价值的效率和质量就越高。因此，提升财务管理价值创造能力，有助于其更好地发挥价值创造作用，意义重大。

一、财务管理的价值创造

财务管理的价值创造是通过一系列财务管理活动，为企业创造价值，以期实现企业价值最大化。财务管理在企业价值创造过程中扮演着诸多角色，可以直接创造价值，可以以支持辅助的方式间接创造价值，还可以保护企业现有价值不受损害。

（一）价值创造

财务管理可以通过多种方式来实现价值创造。一是通过投资、享受政府优惠补贴政策、开展理财活动等财务活动，直接为企业增加现金流或获取收益；二是通过统筹运用各项资源、集中管理资金、统一结售汇、税务筹划等方式，降低各项成本。

（二）价值促进

财务管理可以通过辅助支持企业的各项价值创造活动来促进企业价值的提升。一是通过预算管理，合理配置企业资源；二是通过评价考核、薪酬激励、奖励惩罚等措施的执行，促使企业价值创造机能有效运行；三是进行财务分析，供管理参考、为决策服务，协助各项价值创造活动有序高效地开展。

（三）价值保护

财务管理还可以采取财务措施保护企业价值不受损害。一是通过内部控制手段，防范企业潜在风险，实现企业价值保值；二是通过财务审计，规范企业财经秩序，防止企业价值受到损害。

二、财务管理的价值创造能力

（一）含义

价值创造能力是指创造企业价值的主观条件的总和，是实现企业价值最大化目标的能力。财务管理价值创造能力是指通过财务管理手段为企业创造价值的能力。

（二）影响因素

影响财务管理价值创造能力的因素包括以下几个方面。

1. 人员

财务管理工作具体是由财务管理人员执行的，财务管理人员能力越强，财务管理工作越能实现其价值创造的目标。

2. 制度

制度体系的建立使财务管理价值创造活动有制可循、有章可依，有利于规范其价值创造活动，提高价值创造工作的效率及质量。

3. 流程

完善、高效的流程可以使管理有序，充分发挥财务管理的最大效应，为财务管理价值创造活动助力。

4. 方法

先进科学的管理方法能保证财务管理在价值创造活动中实现管理功能，保证其发挥应有的作用，因此财务管理方法对企业充分发挥财务管理的价值创造作用影响很大。

5. 环境

财务管理环境是指对企业财务活动产生影响作用的企业各种内部和外部条件。企业的财务管理活动离不开财务管理环境，财务管理环境必然影响财务管理活动。

三、提升财务管理价值创造能力的几点建议

企业应围绕创造企业价值的目标，提升企业财务管理的价值创造能力。

（一）提升财务管理人员的价值创造能力

1. 树立价值创造理念

形式上去做财务管理工作是绝对不行的，必须将价值创造的理念深入参与财务管理的每一个人心中。财务管理人员首先应该改变自身理念，只有认同财务管理企业价值创造者的角色，才能真正通过意识和理念去指导实践，以实现价值创造的目标。

2. 提升财务管理人员的专业素质，培养企业所需的复合型人才

学习并不断更新财务管理方面的政策和知识，提高业务素质；加强对企业业务、流程、部门架构等的了解，加强沟通与协作，储备较为全面的综合知识，以便更好地为企业价值创造机制服务。

（二）建立以价值创造为导向的财务管理制度体系

1. 完善制度

在价值创造过程当中，想要财务管理工作高效地创造价值，就必须将原有的财务管理制度进行梳理，从价值创造的角度对原有制度进行评估、修改及补充，将价值最大化的企业目标体现、落实到相关制度中。

2. 建立制度体系

以价值创造为导向的财务管理制度体系可分为三个层次，第一层是具有操作性的实施细则，第二层是具有指导意义的管理办法，第三层是财务管理的价值创造总纲领。

3. 用文字记载

相关规章制度应以文字方式形成文件，确保制度的约束性、严肃性和引导性，使财务管理价值创造活动有所依据。

（三）改进财务管理流程

将财务管理与业务流程相结合，让财务部门和财务管理人员全面参与整个价值链流程中，将管理措施融入企业各生产经营环节，从价值创造的角度，帮助各业务部门、经营环节做出事前的预测规划、事中的监督控制、事后的评价反馈等，实现企业价值链的财务协同，为企业价值创造提供全面支持。

（四）应用现代管理方法

借助信息技术、互联网可以增加沟通，及时获取相关政策制度，及时处理财务及经营信息，实现多维度数据统计等，有利于在提高财务管理价值创造活动效率的同时减少或避免差错，切实保证财务管理价值创造活动的质量。

根据企业实际情况，采用各类先进科学的管理方法。例如，财务分析中常用的杜邦财务分析法，从净资产收益率出发，对影响该指标的因素进行层层分解，通过这种财务分析方法帮助企业及时发现经营中存在的问题，更好地辅助企业创造价值。再如，预算管理实践中比较有代表性的全面预算管理法，以提

升企业价值为目标，通过价值驱动因素配置企业资源，使低效资源加快流转，发挥资源使用效益，同时将价值管理导向贯穿预算管理的执行、分析与控制全过程，促使企业价值不断提升。

（五）营造财务管理价值创造的环境

形成财务管理的价值创造文化，充分发挥其应有的作用，创造并保持财务管理人员参与价值创造的内部环境。财务管理的价值创造文化是财务管理价值创造目标与财务管理人员的纽带，可以把从事财务管理的人员团结起来，形成巨大的向心力和凝聚力。这种从内心产生的效应，足以胜过任何规章制度和行政命令。

企业在提升自身财务管理价值创造能力的过程中，应关注提升的效果，对于未达到或偏离了原有目标的应及时调整；同时应注意克服认知惰性，适时主动地根据企业实际情况，对提升财务管理价值创造能力的方式、方法予以修正。只有这样才能真正地提升企业自身的财务管理价值创造能力，达到提升的目的与效果。

第七节　财务管理环境变化对现代财务管理的影响

财务管理是企业发展中的重要内容，对企业平稳经营有着重要的意义和影响。在近几年的发展中，很多企业开始注重对财务管理环境变化的分析与研究。一方面是由于财务管理水平与财务管理环境的变化有着密切的联系，需要相关管理团队对两者之间的关系进行深入的研究与探讨，从而为财务管理工作的开展提供可参考的依据；另一方面是由于传统老套的方式和理念已经不能满足现代企业财务管理的需求，如果不能及时创新与完善财务管理制度、理念以及模式等，就会影响企业的正常发展。

一、财务管理环境变化的内容

（一）企业发展模式方面

财务管理环境在变化的过程中，会在很大程度上引发企业发展模式的变化；而发展模式的变化不仅对企业核心的构建有着重要的影响，还对企业财务管理的开展有着重要影响。企业财务管理中涉及很多方面的内容，如资金管理、预算控制及风险规避等，因此，当企业发展模式受到财务管理环境变化而发生改变的时候，企业财务管理部门就需要对这些内容进行重新部署与安排。只有通过这样的方式，才能进一步顺应企业发展模式变化的需要，为财务管理工作的开展提供有利的条件。

（二）金融全球化方面

金融全球化对企业融投资的开展有着重要的意义和影响，其不仅为企业融投资提供了更多的选择机会，还间接地丰富了融投资的形式和内容。在财务管理环境变化的过程中，企业财务管理部门会根据金融全球化的发展现状对融投资环境做进一步的分析与研究。同时，对融投资中涉及的风险问题做进一步的控制和防范，从而确保融投资的安全，而财务管理工作的开展也会间接发生改变。

（三）经济信息化方面

随着经济的不断发展，国与国之间的交流和联系更加密切，经济全球化的趋势已经愈演愈烈。随着经济全球化的发展，以跨国服务和商品为主要经营对象的跨国公司也广泛兴起。跨国商品和服务的产品流通模式和形式与传统经济有着很大的差别，经济技术也有着很多的变化，亟须财务管理模式采取相应的方式；而经济信息化的发展是财务管理环境变化的重要部分之一。其以互联网技术和电子计算机技术为基础，通过信息的共享和技术的沟通，对经济运行模式产生了巨大的影响。

二、财务管理环境变化对现代财务管理的影响

（一）资产评估体系构建方面

资金的平稳运行对企业发展与财务管理工作的开展有着重要的意义，而资产评估体系的构建在很大程度上推动着财务管理水平的提升。很多企业在进行财务管理的过程中，会将重点内容放在知识资本的评估与管理方面。对于资产评估中存在的难点问题，相关管理团队也能根据实际情况，对相应的会计核算工作以及评估工作进行优化处理。

但是在实际资产评估过程中，很多管理团队没有按照规范的计量模式或核

算方法进行相应的工作。而这种情况的出现对资产评估的价值分析与评价有着一定的影响。在财务管理环境变化的引导下，相关管理团队能够进一步提高对资产评估的重视与研究，并根据实际财务管理环境的变化情况，对企业现金流量计量及管理模式等进行优化，制订出有利于企业财务管理的计价方式，推进资产评估体系的构建。

（二）财务管理网络优化方面

由于互联网时代的发展及电子计算机技术的推广，很多行业在发展的过程中都会将先进的网络技术及电子技术等应用其中，在顺应时代发展需要的同时，促进行业的平稳发展。各企业的财务管理模式也会受到财务管理环境变化的影响而发生改变，而将网络技术及电子计算机技术应用到财务管理网络系统建设中，已逐渐成为企业发展中的重要内容。合理应用网络及电子计算机技术，不仅能够有效解决财务管理工作中出现的问题，还能进一步提高财务管理的质量与效率。

比如，财务管理过程中会涉及很多的数据和信息计算及核对工作，但是相关工作人员在计算和核对的过程中，可能会受到某些因素的影响而出现问题。而合理应用网络技术就能够在很大程度上降低这类情况出现的概率，同时能间接提高信息核对及数据计算的准确性，为财务管理工作的开展提供有利条件。另外，对财务管理网络进行建设与优化，还能实现企业资源的合理配置，提高企业信息共享的效率和价值，对财务管理人员积极性的提高也有着重要的意义和影响，因此需要企业相关财务管理团队提高对网络建设的重视。

（三）财务管理内容变化方面

除了上述两个方面外，财务管理环境的变化还会对财务管理内容产生影响。由于各企业财务管理的效率和质量会随着国家经济环境的变化而变化，要想保证财务管理工作的顺利开展，财务管理相关管理团队就要根据经济环境实际变化情况，对相应的财务管理内容进行更新与优化。

财务管理环境的变化与经济全球化的发展有着密切的联系。近年来，随着很多大型跨国公司的出现，相关的融投资行为也成为普遍现象。而融投资模式的出现，不仅间接地提高了企业的经济水平及筹资的效率，还带动了计算机技术的应用与推广。融投资方法变得多样化，财务管理内容也变得充实起来。

另外，在财务管理内容发生变化的同时，一些跨国公司将新型的投资方式应用到实际工作中。这不仅给企业发展提供了更多可参考的依据，还间接地促进了企业财务管理模式的创新与升级。虽然企业财务管理会受到一些因素的影响而出现风险问题，导致投资效率下降，但财务管理内容在改变的过程中，会间接优化企业受益模式和管理内容，能够在一定程度上规避风险，提高财务管理质量，对企业经济水平的提升有着重要的意义和影响。

（四）财务管理理念革新方面

在经济全球化、金融全球化、知识资本化等经济环境的影响下，财务制度也应当在财务管理理念、财务管理内容、评估系统的构建、电子网络系统的构建等方面进行适当的调整和革新，以适应日益变化发展的经济形势，提高财务管理效率。财务管理环境主要包括经济全球化、电子商务化、企业核心重建等部分，面对这些环境的变化，财务管理也必然要做出一些调整，以适应大环境的发展。

受当前财务环境的变化影响，现代财务管理必须适时进行变革和创新。

首先，在财务理念和理仑构建上，应当重视工业经济和知识经济的全面发展，使其在保证经济增长的基础上，还能从技术层面和资金管理层面实现对企业财务管理的优化。也就是在传统财务管理工作的基础上，优化资金使用效率和风险规避制度，确保企业管理者能够正确地决策和投资。

其次，企业应当积极促进财务管理创新。因为企业财务管理工作的目标是发挥资金的最大效用，并且能够最大限度地降低风险。而企业人员关系的协调和生产能力的激发又能够从根本上提高企业的效益，所以在财务管理上，应当将人员关系优化与财务创新相结合，在优化人员管理制度的基础上，实现财务关系的协调和创新。

三、财务管理未来的发展趋势

（一）财务理论和关系创新发展

为适应经济发展形势，企业在生产经营过程中必须具备稳固的理论基础，以适应社会信息化发展，紧跟知识型经济发展步伐，以更好地适应财务管理环境的变化，提高企业的适应性和灵活性，保证企业财务管理工作的有效实施。随着环境的变化，财务管理的目标也发生了一定的变化，由实现股东财富最大化转向企业价值最大化，以保证企业各个相关者的利益。财务管理的关系也发生了一定的变化，更加侧重于企业内部的管理，注重企业内部员工关系的维护，来营造和谐稳定的内部环境。

（二）筹资和投资丰富化

随着经济全球化的发展，金融工具更加丰富，企业在筹资和投资决策方面具有更多的选择，使企业的决策能力得到提高。网上融资模式的出现为企业融资提供了一定的便利，使融资领域得到扩展，为企业提供了更加广泛的渠道，以实现企业内部资源的合理配置，提高企业的总体竞争能力。筹资和投资方面的变化为企业合理利用资金提供了机会，以降低企业出现资金短缺的可能，保证企业内部资金的流动性。

（三）受益分配合理化

实现利益最大化是企业的根本目标，合理分配收益是企业稳定运行的关键，知识经济的发展使得知识成为企业进行利益分配的一项依据。对物质资本提供者来说，主要以资本所有权为依据进行分配。知识创造者在领取基本工资的同时，可以依据对知识资本的创造参与利益分配获取相应的收益。

（四）预算评价体系专业化

财务管理工作离不开财务预算，各种报表是企业高层管理者进行决策的基本依据。因此，一个公平合理的预算管理体系对于财务管理工作至关重要。通过准确的数据分析，能够真实地反映企业运营状况，合理预测企业的偿债能力、盈利能力及市场表现情况等。按照预算考核结果进行奖惩，能够更好地推动建设合理有效的预算体系，保证预算体系具有专业性，实现企业的可持续发展。

随着经济形势的转变，财务管理的环境发生了一定变化，对财务管理工作提出了更高的要求，使得财务管理的内容和对象不断扩大。为提高企业的核心竞争力，稳定企业在市场中的地位，必须结合市场行情和经济形势对财务管理进行创新，在理论结合实践的基础上改进财务管理工作，提高财务管理的灵活性，以更好地适应财务管理环境的变化，从不同的角度满足企业发展的需要，促进企业更好更快地发展，实现企业经济利益的提高，实现企业的总体目标。

第二章 智能时代背景下财务管理的创新理念

第一节 绿色财务管理

经济的高速发展带动了各个行业的进步，然而当人们在为取得的成就喝彩的时候，却不得不意识到一个非常严重的问题，即资源的总量日益减少，环境质量变得越来越差。在这个背景之下，财务管理工作就会朝着绿色管理阶段发展。所谓的绿色管理，具体来讲是将环保和资源管理以及社会效益融合到一起的一种管理方法。

一、绿色财务管理概述

绿色财务管理是指在之前管理方法的基础之上，更加关注环境及资源问题，它的目的主要是带动社会长久发展。

（一）绿色财务管理的内容

1.绿色财务活动

绿色财务活动是在原有的财务内容中增加环保和资源利用两个要素，它规定相关的主体在开展财务工作的时候，不单单要将经济效益考虑在内，还要将资源的全面利用及消耗能力、生态的受损程度以及恢复所需的资金等考虑在内，更加重视社会的长远发展。

2.绿色财务关系管理

绿色财务关系管理是在原有与出资人、债权人、债务人、供应商、买家、政府、同行等财务关系管理的基础上，增加了对资源关系、环境关系的管理内容。具体来讲，在开展新项目的时候，除了要做好和环保机构的沟通工作以外，还要联系资源部门，这样做的目的是保证新项目在新的状态之下不会有较为严重的问题产生，否则就会导致资源受损，无法被永久利用。

（二）开展绿色管理的意义

1. 带动财务管理工作的进步

我们都知道，作为一种科学体系，财务管理工作并不是一成不变的，它是会伴随着社会的发展而一直进步的。当相关环境改变了，与之对应的各种系统及体制等都会随之改变，只有这样才能够适应新的发展趋势。当今社会，资源的总数只会减少，并不会增加，因此为了长久发展，就必须开展绿色管理。

2. 促进社会和谐发展

人类在这个世界上已经生存了数千年，出于自身生存和发展的需要，我们需要一直开展各种活动，而各种活动的最终目的都是获取利益。由于人的总数在不断地增加，虽说一个单体的活动可能不会对资源及生态产生负面效应，但如果是几亿人共同活动呢？后果可想而知。所以，为了避免生态继续恶化，为了我们的子孙后代能够更好地生活在这个世界上，就要开展资源和生态保护工作。在这种背景之下，我们就必须开展绿色管理。

二、绿色财务管理的现状

（一）环境、资源的产权难认定、认定难

以海洋资源为例，海洋占到了地球总体面积的70%左右，海洋资源的产权本身就难以划分。对资源和环境而言，地球才是总体，这种人为的、条块化的划分，并不利于资源和环境的整体发展；另外，即使海洋资源的产权可以划分清楚，但是海洋并不是静止不动的，海水每天都在流动，海里的资源每天都在变化，假如发生原油泄漏事故的话，海洋污染物会随着洋流运动发生扩散，很可能会扩散到其他国家的管理范围内。因此，环境、资源的产权难认定、认定难。

（二）在环境、资源问题上，各国间难以形成责任共担机制

环境和资源其实是属于全人类共有的，但是在环境、资源问题上，各国间很难形成责任共担机制。如二氧化碳的排放超标是极地上空形成臭氧层空洞的主要原因，各国在减少二氧化碳整体排放量这件事情上早已形成了共识，但是，具体到谁应该减少、减少多少的问题上，每个国家为了自身经济的发展，都在

尽可能地争取最有利的减非额度，甚至互相指责，不断推卸责任，责任共担机制更是难以形成。

（三）缺乏对绿色财务管理的评价体系

绿色财务管理尚处在摸索阶段，评价体系更是缺乏。目前，比较被认可的绿色财务管理评价指标主要有绿色收益率和绿色贡献率。但是，这两个指标有一个比较突出的问题，就是难以进行衡量，即很难评价一个项目有哪些地方可以列入绿色收益率或者绿色贡献率的范围，以及列入绿色收益率或者绿色贡献率的评价比例标准是怎样的；很难像基尼系数那样有规定的标准，什么样的绿色收益率或者绿色贡献率的指标计算标准是正常的，什么样的指标计算标准是好的，什么样的指标计算标准是绝对不可以使用的。再加上目前并没有像注册会计师那样拥有审查资质的绿色财务管理师，人员队伍建设落后，绿色财务管理评价体系建设更是难上加难。

（四）绿色财务管理的执行和监督不到位

每个国家都有相关的环境保护措施和资源控制制度，按道理，绿色财务管理的执行和监督本应该不成问题，但是，在实际的生产生活中，绿色财务管理的执行和监督都不到位。由于法律、人员、经济等方面的原因，绿色财务管理的执行和监督处处受限。很典型的一个企业行为就是废弃物的排放，在有人检查或参观的时候，环保设备是运行的，但是，一旦解除了检查或参观的限制条件，很多企业就会偷偷向外直接排放废水、废气、废渣等废弃物。虽然国家三令五申，但不少企业依旧我行我素。环保部门的工作人员也不可能时时监控所属的所有企业。

三、原因分析

（一）对绿色财务管理的认识不足

由于很多人对绿色财务管理不认识、不了解，更不懂得，才会对绿色财务管理不重视；对绿色财务管理的研究也较少，至今都没有完整的关于资源和环境的产权认定标准，对绿色财务管理的执行和监督更是不到位。

（二）从众心理作祟

小到个人，大到企业、国家等各个主体，都存在一定程度的从众心理，所以才会造成在环境、资源问题上，各国间难以形成责任共担机制的局面。

（三）绿色财务管理的评价体系不健全

由于前文中所说的绿色收益率和绿色贡献率等指标难以量化考评，新的指标如环保设备上新率、环保设备使用率、资源消耗量、可再生资源再生速率、资源利用率等一系列指标还在研究当中，加之目前绿色财务管理的研究队伍还未形成规模，研究人员较少，也很难形成合力。缺乏环境保护、资源管理和精算师等专业人员，缺乏政府部门和企业乃至每一个主体的积极参与，导致到目前为止，绿色财务管理的评价体系很难健全。

四、加强绿色财务管理的措施

（一）加快对环境、资源等产权认定的研究步伐

虽然对环境、资源等产权的认定很难，但是，在人类社会可持续发展的需要面前，一定要发挥主观能动性，迎难而上，攻坚克难。首先，对绿色财务管理的认识、了解和重视，不应仅仅停留在口头上，更要落实到具体行动中；其次，要加强绿色财务管理研究人员的队伍建设，不仅要培养会计方面、财务管理方面的专业人员，更要培养环境保护方面、资源管理方面的专业人员，以及精算师、数学、地理等方面的专业人员，这是一项浩大的关系人类社会发展的工程；最后，思想上重视了，人员到位了，还需要坚定不移地落实和执行。这项工作漫长而琐碎，任务很艰巨。

（二）加强各国政府间的沟通协作，责任共担，共同发展

在绿色财务管理的推行上，各国政府责无旁贷，加强各国政府间的沟通协作，责任共担，才能共同发展、共同繁荣。首先，要摈弃在环境保护和资源管理方面的从众心理，各国政府都应该认识到绿色财务管理的重要性、政府行为的重要性，加强政府间的沟通与协作，共同履行具有国际约束力的环境保护和资源管理公约；其次，要结合自身实际，灵活制定相关政策、法律和法规，并强制执行；最后，要加强相关的舆论宣传，通过舆论导向引导每一个主体的行为，从而为环境的净化和资源的可持续开发利用提供可能。

（三）健全绿色财务管理的评价体系

健全绿色财务管理的评价体系，需要把评价体系具体细化，增加新的评价指标，并加以量化。但是诸如环境改善带来的幸福指数、资源利用效率提高带

来的经济效益等这些指标很难量化。而且，人类对绿色财务管理的认知在不断进步，这也涉及绿色财务管理评价体系的后续完善工作。

（四）政府引导，加强对绿色财务管理的执行和监督

政府间的合作共赢在绿色财务管理的推行上固然重要，但是，具体执行和监督涉及每个人、每个企业、每个组织、每个国家，所以，政府的引导非常重要。除了政策、法律、舆论先行之外，相关的奖励和惩罚措施也非常重要，具体如何处理，需要相关主体的严格执行和监督到位。

第二节　财务管理信息化

企业财务管理信息系统是企业管理信息系统的核心组成部分。随着当前网络与通信技术的高速发展，特别是以目标成本管理和预算控制管理为核心的现代化财务管理系统的发展，简单的财务电算化管理信息系统已经不能够满足企业对管理信息的要求。企业需要更健全、更完善的财务管理信息系统，一个集会计核算、财务管理和经营管理为一体的财务管理信息系统。财务管理信息化需要由单纯的会计核算型向财务管理分析型及企业的信息系统集成型转变，进而为企业生产、经营和管理提供信息集成和决策辅助功能。

一、企业财务管理信息化建设中存在的问题

随着组织规模的不断扩大，业务越来越复杂，企业财务管理工作需要不断细化和深化，财务人员的工作量不断增加。大量的数据需要及时处理，财务信息的关联程度越来越广，传统的基于手工信息处理特点而设置的会计业务流程传递暴露出不足，无法满足财务管理的需要。即便在已实现会计电算化的企业，企业的财务管理信息化也暴露出诸多的问题，从而影响企业的管理，制约企业的发展。

（一）对财务管理信息化的核心地位认识不强

许多企业在信息化建设投入中缺乏重点。部分企业对财务信息化建设的认识还停留在 IT 技术替代手工操作的层次上，认为实现会计电算化就是财务管理信息化的目标，对实现现代化管理的信息资源的需求了解不够，没有认识到财务管理信息化是企业管理信息化的核心，是实现管理现代化的保障。

（二）信息失真、信息不集成，难以为科学决策提供依据

现代企业管理最根本的是信息的管理，企业必须及时掌握真实准确的信息来控制物流、资金流。然而，当前我国相当多企业的信息严重不透明、不对称和不集成，没有做到数据的充分挖掘和利用，数据采集、处理口径不一。另外，由于应用的软件不够统一，没有统一的信息编码标准，造成信息的利用率和整合程度不高。

（三）传统会计流程存在缺失

在传统的会计体系结构中，会计数据以汇总的形式重复存储于信息系统，难以反映经济业务的本来问题；而且所反映的信息往往滞后于业务信息，信息的滞后不仅影响了信息的质量，还降低了它的相关性，导致企业无法从效益的角度对生产经营活动进行实时监控。当 IT 技术在各个领域得到广泛应用时，许多组织的财务人员积极将 IT 技术应用于会计信息系统。但是人们在传统财务会计体系结构的束缚下，并没有充分发挥 IT 技术的优势重新设计财务会计流程，只是简单模仿和照搬手工流程。

（四）缺乏财务信息化管理的复合人才

现代企业都越来越重视人才的开发和培养，企业不仅拥有各类技术人员，拥有生产经营方面的专家和研发人员，也拥有从事计算机控制方面的技术人员等。但很多企业的财务部门人才很匮乏，如许多国有企业或私营家族企业，其财务人员往往学历不高，缺乏信息化管理能力及思想，其财务管理能力和理念已经不能适应现代企业管理的需求。

（五）企业各级管理人员的认识不到位

在企业内部建立财务管理信息系统是一项重大的管理工程，涉及企业管理的理念、模式、资金运作方式、生产组织形式等诸多方面的变革。如此浩繁的工程涉及方方面面，只有企业领导重视，有关管理人员齐心协力，才能顺利进行。但部分企业的部分人员安于现状、缺乏创新精神，认为实现电算化就是财务管理信息化的目标，对实现现代化管理的信息资源的需求了解不够。

二、信息化建设的重要意义

从管理角度来看，信息化建设在企业财务管理工作中具有重要的实践意义，主要表现在以下四个方面。

（1）信息化在财务管理工作中的应用大大提高了企业财务管理工作水平。特别是信息化的应用，把会计人员的双手从过去繁重的手工劳动中解放出来，会计人员只需掌握信息系统的一些简单操作方式，就可以对财务数据进行计算机录入，必要时还可以进行反复修改，及时进行会计核算，制作各种财务报表。毫无疑问，利用信息化系统完成这些工作，差错率小、可靠性高，提升了财务数据的准确性。

（2）信息化在财务管理中的应用可以有效控制企业成本。成本控制是企业财务管理工作的核心环节，也是企业实现最终盈利的根本保障。利用财务管理信息化建设的先进性，企业财务部门可以全程掌握生产经营中各项大额成本支出的请购、采购、库存和审批等过程，使生产经营中各项大额成本支出的请购、采购、库存和审批等过程在运行中留有痕迹，提高了企业对成本支出等费用的管控能力，降低了各项成本费用指标的超标可能。

（3）财务管理信息化建设使企业的资金管控更为严格。企业的日常经营管理活动是以预算管理为主线、以资金管控为核心而开展的，是以货币计量方式对企业经营活动的资金收支情况进行统计和记录的。其中，在企业项目资金的管理方面，企业是以资金使用的活动情况为核算对象的。如果构建了财务管理工作的信息化系统，企业就可以借助信息化系统对企业资金使用情况进行统筹和预测，降低企业采购与财务之间的往来频率；企业财务人员也能够利用信息化系统了解采购计划的相关信息，有针对性地制订出筹集资金和付款计划，提高工作效率，减少管理漏洞。

（4）财务管理信息化建设提升了企业财务信息传递与交流的时效性。改革开放初期，人们常常会听到这样的口号："时间就是金钱""效率就是生命"。其实，这两个口号的成立都需要建立在信息的有效传递与交流的基础之上。21世纪企业之间的竞争，当然也是信息的传递与交流之间的竞争。可以说，在财务管理中进行信息化建设，可以有效整合各部门之间的财务信息和数据，进而借助计算机网络进行汇总、分析、分流和反馈，极大地提高了企业财务信息传递与交流的时效性。

三、企业财务管理信息化建设的发展策略

（一）树立正确的财务管理信息化发展观念

企业财务管理信息化建设是企业实现财务管理现代化的重要前提，是一项以计算机应用技术、互联网应用技术、信息通信技术和"互联网＋"技术为基础的复杂的系统工程。这一工程的顺利建设和竣工，需要企业各级领导、各个部门的通力合作、全面支持，不可能一蹴而就。因此，在财务管理信息化建设进程中，企业各级领导和各个部门必须树立正确的信息化发展理念，既不能忽视、漠视、无视财务管理信息化建设对企业发展里程碑般的重要意义，不积极主动支持信息化建设工作，不积极主动解决在信息化建设过程中遇到的问题，也不能操之过急，罔顾企业的技术条件和操作人员的专业化水平，仓促引进、盲目上马，造成财力、物力、人力等资源的浪费，更不能过分强调、放大财务管理信息化建设的功能，把信息化建设看成可以解决一切财务问题的万能钥匙。在财务管理信息化建设进程中，企业各级领导和各个部门应本着实事求是、循序渐进的原则，在综合考量企业各方因素、条件的基础上，按部就班、有条不紊地实施信息化工程建设，这样才能为以后信息化建设在企业财务管理中发挥应有的作用奠定良好的技术和管理基础。

（二）加强领导对财务管理信息化建设的重视

21世纪是信息化时代，信息化建设大行其道。信息化代表了先进的社会生产力，已经成为当今社会发展的大趋势。21世纪正在经历一场革命性的变化，世界范围内的信息技术革命将对人类社会变革的方向产生决定性的影响，将在全世界范围内建立起一个相互交融的全新的信息社会。所以，企业要完成财务管理信息化建设，企业领导首先就要对财务管理信息化建设给予足够的重视，结合企业的具体发展情况，根据财务管理工作的实际需要，切合实际地制订出具有企业特色的财务管理信息化建设规划。由于财务管理信息化建设资金需求量大，所以如果没有企业主管领导的力挺，信息化建设所需的大量资金是无法悉数到位的。因此，企业领导对财务管理信息化建设的重视是信息化建设取得成功的关键。

（三）加大对财务管理信息化建设的人才培养力度

财务管理信息化建设虽然已经被企业界广泛接受，并且得到了应有的重视，但是客观地讲，企业中财务管理信息化方面的操作人员和管理人才还相当缺乏。

虽然财务管理信息化建设已经具备了广泛的社会影响力，但是从其发展历程来看，与传统的财务管理方式相比仍然是新生事物，仍然处在探索阶段。财务管理信息化建设既然是新生事物，就必然需要大批的专业人士来熟练驾驭它，而从当前企业财务管理人员的整体结构来看，科班出身的人其实是凤毛麟角、少之又少的，高校里面接受过系统学习的专业人才尚未大面积奔赴社会，企业里面的自有人才又如瞎子摸象，对财务管理信息化建设只是一知半解。毋庸讳言，企业财务管理信息化建设所需的专业人才正处于青黄不接的时期，目前所谓的操作系统、管理系统的专业人员大多是半路出家，在"速成班"里经过短期的常识性培训就上岗了。所以，一旦财务管理信息化的操作系统或者是管理系统出现问题，靠企业自身的技术力量是没有办法解决的，企业只能请"外援"前来指点迷津。仅从这一点来看，加大财务管理信息化建设的人才培养力度，对于企业财务管理信息化建设的有效开展和顺利实施是尤为重要的。

（四）注重对财务管理信息化软硬件设施并重的建设

在世界范围内的信息技术革命的推动下，财务信息化已经成为一种必然趋势。在大的时代背景下，企业没有退路，也没有选择的余地，只有认识、接受、建设和发展信息化才是明智的抉择，才不会被信息技术进步的浪潮淘汰出市场格局。企业要强化信息化建设成果，就必须坚持软件设施建设与硬件设施建设并重的原则，绝不可厚此薄彼。硬件设施是信息化建设的先决条件，离开它，企业财务管理信息化建设就无从谈起；软件设施是信息化建设的灵魂所系，没有它，企业财务管理信息化建设就是一潭死水。只有把软件设施建设与硬件设施建设有机结合在一起，让两者同步前进、协同发展，企业财务管理信息化建设才能真正实现其建设的初衷，才能真正做到为企业发展助力加油。

第三节　财务管理与人工智能

当前，人工智能技术已经在我国得到了较快的发展。人工智能技术与财务管理有机融合，能够实现先进高效的规划、预测、决策、预算、控制、分析等各种财务工作。人工智能在财务管理中的应用，将原本繁复的财务问题一一进行分解，变成若干子问题，然后得到最终的解题答案。

一、人工智能技术给财会行业带来的机遇

（一）提高了财会信息的处理质量

无论是财会行业还是审计行业，都必须严格遵循真实性原则，然而我国财会行业并未将这一原则真正落实到位。这主要是因为在实际处理财会信息和审计信息过程中，依旧沿用传统的手工方式进行编制、调整和判断，致使舞弊与错误行为屡见不鲜。所以，为了提高财会信息的真实可靠性，应减少人工处理财会信息的次数，进一步拓展人工智能，从而为财会信息处理的质量和效率提供保证。

（二）促进财会人员有效地工作，节约人力成本

现阶段，我国已经出现专门为小企业做账的专业公司，虽然公司领导者对会计记账法与借贷记账法掌握和了解得不是很透彻，但该公司研发的软件可利用电子技术对原始凭证进行扫描，自动生成符合各级政府部门要求的财务报表。这不仅减轻了财会人员的劳动强度，还有效保证了会计核算的时效性。审计部门利用开发的审计软件在提高审计工作效率的同时，能在深入剖析财会报告的过程中及时发现审计问题，进而采取科学高效的审计手段解决审计问题。

（三）实施完善的风险预警机制，强化财会人员的风险意识

虽然已经有很多企业具备了风险危机意识，但在风险防范和风险发生过程中的决策能力不足。导致这种情况的根本原因在于企业缺乏一套切实可行、健全的风险预警机制，财会人员无法准确判断存在的风险，也不具备风险意识，所以，当遇到风险问题时往往显得手足无措。首先，由于企业内部资金项目具有繁复性特点，很难顺利地开展纵横向对比；其次，财会人员缺乏较高的信息处理综合能力。因此，利用人工智能技术创建风险预警模型，通过各类真实可靠的财务数据对财务风险进行事先预警，不仅能够保障企业资金的运营效率，还可以帮助企业及时找出不足，从而创设和谐美好的企业发展环境。

（四）实现了更为专业的财会作业流程

当前，财政部已经将管理会计列入了会计改革与发展的重点方向。过去针对业务流程来确立会计职能的工作模式不仅会造成会计信息核算的重复性，还会影响财务风险预警的有效运行。所以，随着人工智能技术的全面渗透，企业

将会对那些只懂得进行重复核算工作的财会人员进行精简，聘用更多有助于自身健康发展的、具备完善管理会计知识的财会人员。

二、人工智能技术在财务管理中的应用

（一）财务管理专家系统

财务管理专家系统涉及财务管理知识、管理经验、管理技能，主要负责处理各类财务问题。为了减轻财务管理专家对财务管理过程的描述、分析、验证等工作的劳动强度，很多企业都将涉及管理技能、管理理念及管理环境的财务管理专家系统应用到财务管理工作中。

人工智能技术在财务管理专家系统中的应用，根据具体的财务管理内容将其划分为筹资管理专家系统（涉及资金管理）、投资管理专家系统、营运管理专家系统（涉及风险管理与危机管理）、分配管理专家系统。这些系统中又涵盖了财务规划及预测、财务决策、财务预算、财务分析、财务控制几方面的子系统。

在对各系统进行优化整合后，财务管理专家系统的综合效用便体现出来了，即提高了财务预测的精准度，强化了财务决策的科学性，实现了财务预算与实际的一致性，提高了财务控制效率，财务分析更加细致全面，进一步拓展了财务管理的覆盖面。

财务决策子系统在整个系统中占据重要的比重，而财务决策子系统的顺利运行离不开其他子系统的支持。因此，对这些子系统进行集成后形成了智能化的财务决策支持系统。利用智能化的财务决策支持系统有助于综合评估内部控制与资产分配情况，通过对投资期限、套期保值策略等进行深入分析，能使投资方案进一步优化和完善。

（二）智能财务管理信息共享系统

财务管理查询系统和操作系统是智能财务管理信息共享系统的主要内容。通过 Microsoft Visual Studio.NET 对财务管理查询系统进行部署，然后操作系统中的 IIS 服务负责相关发布。将 .NET 框架设置于发布平台上，该框架负责运作各个 .NET 程序，为财务管理信息共享提供相应的体系结构，企业会在节约成本的理念下向所有利益有关方传递真实可靠的关联财务信息。简单举例，随着 B/S 模式体系结构的构建并使用，企业实现了成本的合理节约，促进了各财务信息的及时有效共享，提高了财务信息处理效率。

通过操作系统中的 IIS 来发布财务管理查询系统，企业内部各职能部门只需要进入 Web 浏览器就能及时访问，而企业外部有关使用者只需要利用互联网就能对单位每一天的财务状况予以充分的掌握。

随着智能财务管理信息共享系统的生成并被投入使用，财务管理工作变得更加完善、成熟；同时，在智能财务管理信息共享系统中利用接口技术吸收 ERP（企业资源计划）财务信息包，实现了财务管理信息的透明化、公开化，突出了财务管理的即时性。

（三）人工神经网络模型

所谓的人工神经网络，指的是通过人工神经元、电子元件等诸多的处理单元对人脑神经系统的工作机理与结构进行抽象、模仿，由各种联结方式共同组成的网络。人工神经网络从范例学习、知识库修改及推理结构的角度出发，拓宽了人类的视野范围，并强化了人类的智能控制意识。

人工神经网络模型是诸多神经元结合起来产生的模型，人工神经网络涵盖反馈网络，也可包含递归网络与前馈网络两个部分。其中，前馈网络是由诸多神经元结合后生成的产物，其将神经元的输出及时反馈到前一层或者同一层的神经元中，这时信号可实现正向传播与反向传播。由于前馈网络存在递阶分层结构，因此，同一层中各神经元不可以相互连接，由输入层进入输出层的信号主要以单向传播方式为主，将上层神经元和下层神经元进行了连接，同一层神经元相互之间不能连接。

人工神经网络存在很多类型，如 RBF（径向基函数网络）网络、BP（反向传播神经网络）网络、ART（自适应共振理论）网络等。

其中，RBF 神经网络现已在客户关系管理、住宅造价估算等领域中得到了有效应用；BP 神经网络现已在战略财务管理、风险投资项目评价、固定资产投资预测、账单数据挖掘、纳税评估、物流需求预测等众多领域中得到了有效应用；ART 神经网络现已在财务诊断、财务信息质量控制、危机报警等领域中得到了高效的应用。

随着经济领域和管理领域对人工智能技术的广泛应用，越来越多的学者将研究重心放在了人工智能层面上，财务管理中应用 BP 神经网络来预测财务状况取得了可喜的成果。因此，BP 神经网络成为现代人工智能应用研究的关键点，而成功的研究经验为财务管理的研究提供了重要依据。

综上所述，随着科学技术的快速发展，智能化的财务管理已成为必然，运用智能财务管理专家系统有助于提高财务管理水平及效率。今后的财务管理专家系统将逐步朝着智能化、人性化、即时化的方向快速迈进。可以想象，未来的智能财务管理专家将会全权负责繁复的财务管理工作，使财务管理人员不再面临庞大的工作量。出于对财务主体持续发展的考虑，在"以人为本"理念的基础上推行科学化财务管理工作，要在保证财务主体良性循环发展的同时，为各利益相关者提供预期的效益。

第四节　区块链技术与财务审计

区块链可以针对交易创建一个分布式账目，在这一个分布式账目中，所有交易的参与者都能存储一份相同的文件，可以对其进行实时访问和查看。对资金支付业务来说，这种做法影响巨大，可以在确保安全性和时效性的基础上分享信息。区块链的概念对财务和审计有着深远影响。随着财务会计的产生和发展，企业财务关系日益复杂，特别是工业革命兴起，手工作坊被工厂代替，需要核算成本并进行成本分析，财务管理目标从利润最大化发展到股东权益最大化。进入信息时代以来，互联网技术日益发展，企业交易日益网络化，产生了大量共享数据，人们开发了基于企业资源计划的会计电算化软件和基于客户关系的会计软件。传统企业进行业务交易，为了保证客观可信，通过各种纸质会计凭证反映企业间经济关系的真实性。在互联网时代，企业进行业务往来可以通过区块链系统实现两个节点数据共享，以云计算、大数据为代表的互联网前沿技术日益成熟，传统财务管理以成本、利润分析为中心的模式被基于区块链无中心财务分析模式替代。由此可见，区块链技术的应用对财务、审计发展的影响是极为深远的。

一、区块链的概念与特征

区块链就是一个基于网络的分布处理数据库。企业交易数据是分散存储于全球各地的，如何才能实现数据相互连接，这就需要以相互访问的信任作为基础。区块链通过基于物理的数据链路将分散在不同地方的数据联合起来，各区块数据相互调用其他区块数据，并不需要一个作为中心的数据处理系统，它们可通过链路实现数据互联，削减现有信任成本，提高数据访问速率。区块链是互联网时代的一种分布式记账方式，其主要特征有以下几点。

（一）没有数据管理中心

区块链能将储存在全球范围内各个节点的数据通过数据链路互联，每个节点交易数据能遵循链路规则实现访问。该规则基于密码算法而不是管理中心发放访问信用，每笔交易数据由网络内用户互相审批，所以不需要一个第三方中介机构进行信任背书。对任一节点攻击，不会使其他链路受影响。而在传统的中心化网络中，对一个中心节点实行有效攻击即可破坏整个系统。

（二）无须中心认证

区块链通过链路规则，运用哈希算法，不需要传统权威机构的认证。每笔交易数据由网络内用户相互给予信用，随着网络节点数增加，系统的受攻击可能性呈几何级数下降。在区块链网络中，参与人不需要对其他任何人信任，只需两者间相互信任，随着节点的增加，系统的安全性反而增加。

（三）无法确定重点攻击目标

由于区块链采取单向哈希算法，网络节点众多，又没中心，很难找到攻击靶子，不能入侵篡改区块链内数据信息。一旦入侵篡改区块链内数据信息，该节点就被其他节点排斥，从而保证数据安全，又由于攻击节点太多，无从确定攻击目标。

（四）无须第三方支付

区块链技术产生后，各交易对象之间交易后，进行货款支付更安全，无须第三方支付就可实现交易，可以解决由第三方支付带来的双向支付成本，从而降低成本。

二、区块链对审计理论、实践的影响

（一）区块链技术对审计理论体系的影响

1.审计证据变化

区块链技术的出现使传统的审计证据发生了改变。审计证据包括会计业务文档，如会计凭证。由于区块链技术的出现，企业间交易在网上进行，相互间经济运行证据变成非纸质数据，审计对证据核对变成由两个区块间通过数据链路实现数据跟踪。

2. 审计程序发生变化

传统审计程序从确定审计目标开始，通过制订计划、执行审计到发表审计意见结束。计算机互联网审计要求采用白箱法和黑箱法对计算机程序进行审计，以检验其运行可靠性。在执行审计阶段主要通过逆查法，从报表数据通过区块链技术跟踪到会计凭证，实现数据审计工作的客观性和准确性。

（二）区块链技术对审计实践的影响

1. 提高审计工作效率、降低审计成本

计算机审计比传统手工审计效率高。区块链技术为计算机审计的客观性、完整性、永久性和不可更改性提供保证，保证审计具体目标的实现。区块链技术产生后，人们利用互联网大数据实施审计工作，大大提高了审计效率，解决了传统审计证据不能及时证实以及不能满足公众对审计证据真实、准确要求的问题，满足了治理层了解真实可靠的会计信息，达到了对管理层有效监管的目的。在传统审计下，需要通过专门审计人员运用函证法对公司相关会计信息发询证函进行函证，从而需要很长时间才能证实，审计时效性差。而计算机审计，尤其是区块链技术产生后，审计进入网络大数据时代，分布式数据技术能实现各区块间数据共享追踪，区块链技术保证这种共享的安全性，其安全维护成本低；由于区块链没有管理数据中心，具有不可逆性和时间邮戳功能，审计人员和治理层、政府、行业监管机构可以通过区块链及时追踪公司账本，从而保证审计结论的正确性；计算机自动汇总计算，也保证了审计工作的快速高效。

2. 改变审计重要性认定

审计重要性是审计学中的重要概念。传统审计工作需要在审计计划中确定审计重要性指标作为评价依据，审计人员通过对财务数据进行计算，确定各项财务指标，计算重要性比率和金额，通过手工审计发现会计业务中的错报，评价错报金额是否超过重要性金额，从而决定是否需要进一步审计。而在计算机审计条件下，审计工作可实现以账项为基础的详细审计，很少需要以重要性判断为基础的分析性审计技术。

3. 内部控制的内容与方法也不同

传统审计更多采用以制度为基础的审计，更多运用概率统计技术进行抽样

审计，从而解决审计效率与效益相矛盾的问题。区块链技术产生后，人们运用计算机审计，审计的效率与效果都提高了。虽然区块链技术提高了计算机审计的安全性，但计算机审计风险仍存在，传统内部控制在计算机审计下仍然有必要，但其内容发生了变化，人们更重视计算机及网络安全维护，重视计算机操作人员岗位职责及岗位分工管理与监督。内部控制评估方法也更多从事后调查评估内部控制环境，从评估过程中运用视频监控设备进行实时监控。

三、区块链技术对财务活动的影响

（一）对财务管理中价格和利率的影响

基于互联网的商品或劳务交易，其支付手段更多表现为数字化、虚拟化，网上商品信息传播公开、透明、无边界与死角。传统商品经济条件下的信息不对称没有了，高品价格更透明了。财务管理中运用的价格、利率等分析因素不同以前，边际贡献、成本习性也不同了。

（二）财务关系发生变化

财务关系就是企业资金运动过程中所表现的企业与企业经济关系，区块链运用现代分布数据库技术、现代密码学技术，将企业与企业以及企业内部各部门联系起来，通过大协作，形成比以往更复杂的财务关系。企业之间资金运动不再需要以货币为媒介，传统企业支付是以货币进行，而现代企业支付是电子货币，财务关系表现为大数据之间的关系，也可以说是区块链关系。这种关系减少了不少地方关系。

（三）提高财务工作效率

1. 直接投资与融资更方便

传统财务中，筹资成本高，需要中间人如银行等的参与。区块链技术产生后，互联网金融得到很大发展。在互联网初期，网上支付主要通过银行这个第三方进行，区块链能够实现新形式的点对点融资。人们通过互联网，下载一个区块链网络的客户端，就能实现交易结算，如投资理财、企业资金融通等服务，并且使交易结算、投资、融资的时间从几天、几周变为几分、几秒，能及时反馈投资红利的记录与支付效率，使这些环节更加透明、安全。

2. 提高交易磋商的效率

传统商务磋商通过人员现场交流沟通，对商品交易价格、交易时间、交货方式等进行磋商，最后形成书面合同；而在互联网下，由于区块链技术保证网上沟通的真实性、安全性、有效性，通过网上实时视频磋商，通过网络传送合同，通过区块链技术验证合同有效性，大大提高了财务业务的执行效率。

（四）对财务成本的影响

1.减少交易环节，节省交易成本

由于区块链技术的运月，电子商务交易能实现点对点交易结算，交易数据能同 ERP 财务软件协同工作，能实现电子商务交易数据和财务数据及时更新，资金转移支付不需通过银行等中介解决双向付费问题，尤其在跨境等业务中，少付许多佣金和手续费用。

2.降低信息获取成本

互联网出现后，人们运用网络从事商务活动，开创商业新模式。商家通过网络很容易获得商品信息，通过区块链技术，在大量网络数据中，运用区块链跟踪网络节点，可以监控一个个独立的业务活动，找到投资商，完成企业重组计划；也可以通过区块链技术为企业资金找到出路，获得更多投资收益。可见，区块链降低了财务信息获取成本。

3.降低信用维护成本

无数企业间财务数据在网络上运行，需要大量维护成本。如何减少协调成本和建立信任的成本，区块链技术建立不基于中心的信用追踪机制，人们能通过区块链网络检查企业交易记录、声誉得分以及其他社会经济因素，交易方能够通过在线数据库查询企业的财务数据，来验证任意对手的身份，从而降低了信用维护成本。

4.降低财务工作的工序作业成本

企业财务核算与监督有许多工序，每一工序都要花费一定成本。要做好企业财务工作，保证财务信息真实性，必须运用区块链技术，由于其无中心性，能减少财务作业的工序数量，节省每一工序时间，在安全、透明的环境下，保证各项财务工作优质高效完成，从总体上节约工序成本。

第五节　网络环境下的财务管理

财务管理在企业中的重要地位众所周知，财务管理工作更要适应企业，才能充分发挥其作用，更好地推动企业的发展。随着互联网技术的飞速发展，传统的财务管理难以跟上企业发展的步伐，给企业带来了严重的影响。创新财务管理成为企业实现持续发展的必然措施，以促进财务管理工作更加适应企业的现代化发展。

一、网络环境下财务管理的优势

在财务管理中应用网络技术，一方面能够给财务管理提供更加精准的数据信息，同时便于数据的收集、整理和分析，不仅大大提高财务管理的质量和效率，降低或避免财务风险，还可以给企业的管理层提供客观、可靠、科学的决策信息，以便准确判断企业经营的现状，确定企业以后的经营方向；另一方面打破了地域、空间的限制，有效地实现了资源共享，既能够实现企业部门间的信息互通，还能够实现跨区域数据共享，企业可以及时获取运营数据，对企业的生产经营进行调整，实现财务与业务的协同管理模式，帮助企业在市场竞争中站稳脚跟，提高市场竞争力。

二、网络财务管理存在的主要问题

网络财务管理虽然有很多优势，但从目前情况分析，仍存在四个主要问题。

（一）网络财务管理的安全问题

网络财务管理虽然具有开放性优势，但也存在一些不容忽视的安全问题。例如，财务管理人员没有及时将有关信息存入磁盘、光盘，如果计算机出现问题，财务信息就有可能遗失，影响档案资料的调阅和查找；财务人员删除或伪造财务信息，可以不留痕迹；电脑病毒频繁出现，计算机遭受恶意攻击，难以保证网络财务管理工作的顺利进行。

（二）网络财务管理的资料保管问题

1.财务档案保管不规范

财务档案是进行司法处理的有效证据，必须建立严格的保管制度。财务档案的保管，有很多不符合要求的地方。一些部门除了建立综合档案室外，其内部职能科、股、室又分别设立了小档案室，造成部分档案资料无法集中保管，遗失严重；一些部门在进行财务交接时，没有将财务档案妥善保管，有的甚至任意销毁，导致资料调阅和查找十分困难；有的资料室借阅制度不够完善，财务档案存在随意查阅和借出的现象。

2.档案管理人员综合素质不高

一些部门对档案管理认识不足，投入力度不大，没有按要求配备专业的工作人员，而是由财务人员具体负责。这些财务人员没有系统学习存档基本知识，整理的档案达不到规定标准；部分档案管理人员知识水平不高，文字表达能力和熟练运用现代化办公设备的能力不强，灵活处理实际问题的本领较弱。

（三）网络财务管理的审计取证问题

由于受传统财务管理的影响，审计人员习惯从账目中查找问题。凭证、账簿、报表成为审计取证的主要依据，审计线索十分清楚。在网络财务管理中，传统单据和纸质记录均已消失，各种财务信息都是以电子形式进行记录，肉眼无法辨别。如果信息被篡改或删涂，几乎没有任何印迹，审计人员很难查找到其中的漏洞，加大了审计难度。另外，我国与审计取证相关的制度不够健全，审计系统软件开发不够完善，审计人员进行核查取证时，没有一个合理的衡量标准，审计收集的财务信息不够完善，增加了审计风险，不利于审计质量的有效提升。

（四）网络财务管理的技术人才问题

网络财务管理是网络技术和财务管理结合的产物，不仅需要财务人员熟悉财务知识、网络知识和金融法律知识，而且要掌握排除网络系统故障的方法，具备一定的创新能力。而在实际工作中，低素质的会计人员仍然很多，有些无学历或低学历，有些不懂得网络应用和财务软件的操作，有些不认真钻研业务、工作马马虎虎，这些人员都无法适应网络财务发展的需求。

三、实施网络财务管理的有效策略

（一）网络财务管理的安全策略

1.实行档案资料保密制度

财务人员在重要数据处理结束时，应及时清除存储器、联机磁带、磁盘程序，并及时销毁废弃的打印纸张。要定期查看财务档案的安全保存期限，并及时进行复制。

2. 实行财务管理人员保密制度

网络财务管理人员要签订管理责任状，做出相应承诺，保证在职期间和离职后不违反规章制度，不泄露财务机密。

3. 实行技术监控制度

建立安全的网络财务系统是网络财务管理顺利进行的根本保证。对财务信息的输入、输出和网络系统的维护，都要严格遵守操作章程，杜绝安全事故发生。要利用加密技术，解决密钥分发的问题；采取防火墙技术，对外部访问实行分层认证；利用数字签名技术和访问限制技术，防止会计系统遭受非法操作或人为破坏。

4. 实行法律保障制度

要吸取和借鉴国外成功经验，探索并制订网络财务管理制度和准则，规范网上交易行为；要对违反管理规定的不法分子进行有力打击，为网络财务管理营造安全的外部环境。

（二）网络财务管理的资料保管策略

1. 严格建立造册登记制度

财会人员每月记账完毕后，应将本月所有记账凭证进行整理，检查有没有缺号、附件是否齐全；然后把每张凭证编上序号，加上封面和封底，按编号的先后将凭证装订成册，贴上标签进行封存。财会人员要在装订成册的凭证封面上详细填写单位全称和会计凭证名称，同时加盖单位主要负责人和财务管理人员印章。

2. 严格建立资料查询制度

根据《中华人民共和国会计法》《财务从业人员管理条例》规定，对已经存档的会计资料，本单位要想查阅，必须经过有关领导同意。查阅时做到不拆封原卷册，不将原始凭证借出。外单位未经过本单位主要领导批示，不能查阅原始凭证，不能复制原始凭证，更不得擅自将原始凭证带离现场。

3. 严格建立保管和销毁制度

会计档案的保管和销毁，必须严格按照会计档案管理规章制度执行，任何人不得随意销毁财务档案。保管期满的财务档案，如果需要销毁，必须列出清单，按照规定经过批准后，才能销毁。

4.严格建立信息备份和系统升级制度

财务管理人员在日常工作中要严格建立信息备份制度，及时将财务信息输入 U 盘和磁盘中，便于日后查询和系统恢复需要，以免造成不必要的损失。

（三）网络财务管理的审计取证策略

网络财务审计是传统审计的一大飞跃，要采取多种措施提升取证质量。一是要开发审计系统。要研制出能从被审计部门准确有效地获取各种数据信息的系统软件，建立信息库，录入被审部门的有关信息，便于核查取证时查阅，提高数据信息质量。二是要规范审计程序。审计人员审计前要根据工作要求，准备相关材料，避免审计时出现不必要的偏差。审计结束后要仔细整理相关材料，使审计取证工作走向有序化、规范化。三是要严守职业道德。审计人员要加强学习，严格约束自己的言行，公平对待每个被审计的部门，实行依法审计。

（四）网络财务管理的技术人才策略

1.加强培训力度，提高员工素质

优秀的复合型人才是实施网络财务管理的根本保证。第一，要具备良好的专业素质。要拥有丰富的文化知识和财务知识，能熟练进行网络系统的操作和维护。第二，要具备良好的心理素质。要保持积极向上的精神状态，在成绩面前保持谦虚谨慎的态度，面对挫折和失败有较强的心理承受能力。第三，要具备良好的交际能力、应变能力、观察能力。要善于与外界打交道，面对困难能冷静思考、认真分析、妥善处理。

2.完善激励机制，激发工作潜能

激励人才需要以公平合理的绩效考核为根本，根据每个人的特长和爱好科学设置工作岗位，建立灵活的人才内部流通机制。激励既包括技能比试方面的，如网络知识答辩、计算机操作、会计业务信息化处理等，也包括物质和精神方面的，如加薪、提供住房、外出考察、授予荣誉称号、休假、参与决策等。要营造一个公平、公正、公开的竞争环境，营造你追我赶、不甘落后的良好氛围，激发财务管理人员的工作潜能和工作热情，从而更好地完成目标任务。

第三章　人工智能与财务管理

第一节　人工智能概述

一、人工智能的定义与研究内容

（一）人工智能的定义

"人工智能"这个词由美国达特茅斯学院约翰·麦卡锡在 1956 年提出，作为一种统称，人工智能用于指代体现出智能行为的硬件或软件。需要注意的是，不能一提到人工智能就想到机器人。人工智能与机器人是两个有联系又有区别的概念。机器人可以看作人工智能的一种智能产品形态。为了更好地理解人工智能这个概念，可以将人工智能按照能力延伸方向的不同划分为四个象限。

如果将目光聚焦于人工智能，并以此为中心，将人工智能的能力向水平和垂直两个方向进行延伸，则向上可以代表人的脑力，对应的行业术语叫作"神经网络"；向下可以代表人的体力，对应的行业术语叫作"机器人"；向左可以代替人，对应的行业术语叫作"智能化"；向右可以辅助人，对应的行业术语叫作"增强化"。由此，可以得到四个象限：在智能化和神经网络这个区域，人工智能的典型应用具体涉及文本识别、图像识别、语音识别、自然语言处理、智能声音合成等；在增强化和神经网络这个区域，主要涉及智能商业应用、个人智能助手等；在智能化和机器人这个区域，主要涉及智能制造、服务机器人、自动驾驶和无人机等；在增强化和机器人这个区域，主要涉及可穿戴设备、增强现实/虚拟现实（AR/VR）、智能家居等。由此可见，人工智能作为一门学科，具体指研究智能程序的科学；人工智能作为一项技术，具体指可体现出智能行为的硬件或软件。

（二）人工智能的研究内容

人工智能的研究具有很强的技术性和专业性，每个分支都是深入且不相通的，所涵盖的范围很广。人工智能的研究内容主要包括知识表示与自动推理、搜索方法与知识处理、机器学习与知识获取、计算机视觉与自然语言理解、自动编程与智能化机器人等。

二、人工智能的社会意义

（一）改变行为方式

人工智能首先会改变人们的行为方式，而人们行为方式的变化主要体现在以下四个方面。

1. 改变劳动方式

目前，人工智能在工业、农业以及物流等领域被广泛应用。它改变了过去传统的人力劳动的生产方式，由人工智能机器人代替人类的体力劳动甚至部分脑力劳动，实现了生产自动化和智能化。

2. 改变生活方式

现在，人工智能已经渗透到人们生活的各个角落，为人们的生活提供了诸多方便。例如，苹果语音助手等智能语音助手不仅能够自主订酒店，还能根据用户的使用习惯创建快捷指令。

另外，人工智能的语音识别技术还能解决语言不通的问题。例如，科大讯飞的翻译机不仅支持59种语言翻译，满足用户的不同需求，还能翻译国为多种方言，使用户实现跨地区无障碍交流。

3. 改变交往方式

人工智能使得交通更加快捷，沟通和交流更加便利。在未来，借助智能交通工具，人们可以去以前因地理条件限制而无法到达的地方，行程和时间也进一步缩短。智能翻译系统和智能手机等通信工具让人们可以突破时空的限制，实现无障碍实时沟通和交流。

4. 改变思考方式

人工智能会改变人们的思考方式。人们在遇到不懂的问题时，就在网上用搜索引擎查询，这使得人们越来越依赖智能搜索引擎，而不再主动思考和探索，对工具书的依赖程度也有所降低。虽然如此，人工智能也让人类的视觉、听觉等感官范围大为拓展，使得人们认识和感受到以前从未接触过的世界，这会促使人们传统固有的思维观念发生改变。

（二）促进社会发展

人工智能的诞生会促进社会的发展，主要表现在以下三个方面。

1. 简化社会管理结构

人工智能是社会发展与进步的必要因素，给社会管理提供了便利。它采取公开公正的智能管理模式，有利于人类文明的进步，使政府的社会管理能力更强，同时提高了管理效率。

人工智能在公共政务服务领域的应用越来越广泛，如智慧政务服务自助终端机通过自助终端智能刷脸或身份认证，实时查询近两百项审批事项的进度，可以快速办理社保、医疗、教育和养老等公共服务和便民服务事项，从根源上解决了人们的空间和时间限制问题，切实实现了让"数据多跑路、群众少跑腿"，让人性化的服务落到实处。智慧政务一体化的出现不仅简化了群众办理政务的步骤，极大地节省了群众办事的时间，真正实现了"简单事情简单办"，而且提升了政务服务中心人员的服务品质和形象。

2. 提升社会治理水平

借助人工智能平台能够提高社会治理水平，所以人类作为社会治理的主体，要学会与人工智能共处，并适应其不断变化的治理模式和管理结构。

为了进一步促进社会治理的公平公正，让更多的人民群众参与进来，在社会治理过程中，可以借助人工智能更强的数据计算能力为管理决策者提供更多的科学依据；与此同时，人工智能促进了政府职能的转变，使得社会治理向智能化方向发展，推动政府公共服务面向人民群众。

3. 创新社会关系

社会关系不仅指人与人之间的关系，还指人与社会环境之间的交流互动，以及人们获取资源、实现社会价值的过程。

人工智能让人与人之间的交流不再只是依靠面对面或者书信的方式，而是通过优化移动通信、各种社交媒体和虚拟网络等方式，为人们打造更加开放、更加安全的社交环境，满足了人们在信息科技时代的交流需求。

（三）推动经济发展

科技的进步是影响产业结构变化的主要因素之一，人工智能技术的发展会带动产业结构的优化和升级，是经济增长的重要推动力。

1. 推动传统产业的发展

人工智能具有强大的创造力和增值作用，它能够实现传统产业的自动化和智能化，从而促进传统产业实现跨越式发展，对产业多元化发展具有重要意义。例如，人工智能与传统家居的结合促进了智能家居的产生，人工智能与传统物流的结合促进了智能物流体系的形成。

2. 创造新的市场需求

人工智能带动了产业的发展，也相应地引发了新的市场需求。随着人工智能技术的深入发展和广泛应用，许多新的智能产品被生产出来，如智能音箱、无人机以及智能穿戴设备等，从而创造了市场需求，带动了经济增长。

3. 催生新的行业和业务

人工智能的兴起和发展催生了一批新的行业和业务，对产业结构的升级产生了重大影响，改变了产业结构中不同生产要素所占的比例，推动了产业结构的优化。人工智能会取代部分劳动力，也会催生一大批新的职业和岗位，为人们提供新的就业机会。

（四）推动企业发展

人工智能在企业发展方面也发挥着一定的推动作用。

1. 降低企业绩效管理成本

绩效考核是企业管理中一个非常重要的环节和组成部分。传统的绩效考核管理方法虽然行之有效，但需要消耗较高的人力成本。由于整个绩效管理过程都是由人工来完成的，这就不可避免地影响了考核结果的客观性和公正性。

人工智能的发展为企业的绩效管理提供了新的技术和方法，如指纹考勤打卡、人脸识别打卡以及软件打卡等。人工智能技术能够避免人为因素的干扰，使企业绩效考核更加客观、公正，从而提高绩效管理的效率。

在一些大企业中，已经有利用智能打卡机器人来进行通勤打卡、绩效考核的应用案例。智能打卡机器人通过摄像头扫描人脸信息，并与企业系统储存的员工信息和数据进行比对，识别身份后，会在机器屏幕上显示员工的信息，如姓名和工号。不仅如此，它还会对该员工进行语音问候，如"早上好""下班了，您辛苦了"。这样不但非常人性化，而且降低了绩效管理的成本。

2.降低企业生产成本

降低生产成本是企业增加利润的手段之一，人工智能机器设备可以取代人工进行简单重复的流水线作业，从而降低员工的雇佣成本。这样还能避免员工由于个人因素而导致的工作失误，从而提高企业生产效率。因此，各大生产企业大力引进人工智能生产设备，推行自动化生产，降低生产成本。

3.降低企业人工成本

人工智能可以降低企业的人工成本。例如，在一些互联网企业中，通过人工智能技术开发的人工智能客服，可以实现24小时在线，节约了人工客服成本。人工智能客服能够根据用户的问题进行自动匹配，为用户生成最佳方案，以解决用户的问题。

三、财务人工智能的应用领域

财务人工智能是将财务的管理理论进行模型化处理，再通过运用高科技信息进行匹配，把数据导入总的信息库或者以信息库的现存数据作为研究对象来分析，然后以最快的速度得到公司的经营报告，形成经营战略建设。财务人工智能技术着重模仿人类的财务操作和判断，同时在业务收入预测、风险控制和管理、反舞弊分析、税务优化等方面也有很大的应用空间。

目前在相关科技应用领域，财务人工智能有专家系统、模式识别、智能财务管理信息共享系统和人工神经网络模型四项内容。

（一）专家系统

从本质上来说，专家系统是在特定的专业领域拥有超高专业水平、理解能力的程序系统，就像通过早期的学习和积累，在业界已经具备较高专业素养的某个领域的专家一样，针对这一领域的问题，能够快速运用经验和知识给出建议，进而解决问题。从结构上来看，专家系统就像一个特定领域的信息库和一个能够被人类所利用的专业解题系统。它的核心项目是信息库的储备和反应机制，由智能的程序系统、信息库、推理机制、解释程序等项目的运作来获取程序。财务专家系统就是积累经验、获取数据、收集和储备知识的智能化程序系统，利用这个系统可以解决财务范围内的相关问题。它在一定程度上能够辅助财务管理者的工作，对一些财务管理的内容进行叙述，诊断问题、分析数据和验证原理，通过对财务管理环境、技术和理念进行综合利用而做出最终决策。它工作的思维方式就是从复杂到简单、从抽象到具体，把复杂的财务问题拆分为简单的问题，最后通过搜索、分析、归纳、总结使问题得以解决。财务管理专家系统能够使财务人员在决策方面更有信心、财务预算更符合实际、财务控制更到位、财务数据及数据分析更清晰，从而使财务管理更全面、更易掌控。

（二）模式识别

对事物表征的各种各样的信息进行归纳和汇总分析，然后对事物或特定现象进行叙述、分辨、归类和阐述的行为就是模式识别。当今社会，模式识别的方法有很多，其中最主要的方法是结构法和决策论方法。之后也出现了一些新的方法，如基于多元化大数据的多元图形基元、特征基元的模式识别法和粗糙集模式识别法等。模式识别在财务领域也得到了广泛运用，如能高效地分辨并描述财务目标和大环境，并能识别企业财务管理遇到危机的原因和影响，从而根据分析提出解决方案；在运营管理层面，能识别财务方面的主体行为及其对实现财务管理目标的作用；在资金的保管规划层面，能识别资金的筹划、支付及流动性；在财务风险规避和安全层面，能识别潜在的财务危机和隐患，从而建立有预防作用的模型，达到维护财产安全的目的。

（三）智能财务管理信息共享系统

为了达到快速有效处理财务工作的目的，人们将智能财务管理信息共享系统分为财务操作系统和财务查询系统。这样的系统使各部门可以通过浏览网站的方式，方便快捷地查询相关财务信息，降低企业发布财务信息的成本。智能财务管理信息共享系统的出现，意味着财务管理变得高效、方便，其与网络技术完美结合，使各部门在任何地方、任何时间都可以一目了然地了解财务状况。

（四）人工神经网络模型

通过大量的处理单元对人脑神经系统进行模仿，仿照其工作结构和原理，通过各个链接方式组成的网络就是人工神经网络模型。其能够通过学习案例更新信息储备库、推理机制等，以达到帮助人们提高对外部世界的认识及进行智能管理的目的。它主要运用在优化、预测、归类等方面，包括对上市企业进行财务风险预测和预警、财务问题分析诊断、财务管理规划、缴税和评估、财务质量检测评估、风险投资项目分析评估、股票价格指数监测和分析评估、固有财产投资规划和分析预测、金融证券定价、经营方式选择等。当前，人工神经网络模型是人工智能研究领域的重点，它在经济与财务管理方面的成就已经引起了人们的特别关注。

四、财务智能化架构的要点

与传统财务信息化架构有所不同，财务智能化架构是建立在一系列智能技术基础之上的。在具体的财务智能化架构搭建时需要考虑以下要点。

（一）构建数据基础

数据是人工智能有效运转的基础。因此，在财务智能化架构搭建中，必须考虑构建可靠的数据基础。这个数据基础和传统信息化技术中的后台数据是不一样的。在这个数据基础的构建过程中，要兼顾结构化数据和非结构化数据。

首先，对结构化数据来说，需要对系统中所有具有业务含义的数据进行标签化。也就是说，要建立一个标签字典，重新定义系统中的每一个具有业务含义的字段，并在每一笔交易发生时，将交易中所包含的所有标签及标签值存储到数据层中。

其次，对非结构化数据来说，需要采用大数据技术对其进行管理和存储，并基于应用场景尽可能地获取更为广泛的非结构化数据。

在构建了基于标签的结构化数据及非结构化数据的数据基础之后，无论是后续基于规则引擎的自动化处理，还是基于机器学习引擎的智能化建设，都具备了基础条件。这对财务智能化来说是一个重要的改变。

（二）构建智能技术引擎

在有了数据基础之后，财务智能化平台的转型还需要一系列智能技术引擎的支持。

第一，图像文字识别引擎。财务的大量数据是以实物形态存在的，如发票、合同等。虽然这些原始凭证正在向电子化方向发展，但在现阶段，实物仍然是其主要形态，而这些实物中蕴含着大量财务信息，是后续智能应用的基础。要提取这些信息，除了通过人工录入或者采取众包模式外，还可以运用光学字符识别技术。运用 OCR（光学字符识别）技术，能够批量高效地对图像中的财务信息进行提取。需要注意的是，传统的 OCR 技术并不是很成熟，识别率较低，基于深度学习的 OCR 引擎要有所改进。

第二，规则引擎。规则引擎能够以标签为基本元素，通过特定的语法对控制规则进行表达和封装，形成一个个规则包。这些规则包从业务角度来看，能够替代一部分人工进行系统自动化审核控制。规则引擎技术本身并不复杂，难点在于进行清晰的标签定义、管理、梳理和拆解规则以及基于标签定义规则。例如，对简单的差旅费报销来说，其涉及的标签可能多达数百个，需要数十个规则来进行组合审核。

第三，流程引擎。流程引擎虽然在传统的财务信息化架构中得到了广泛应用，但在智能化要求下，流程引擎需要具有更强的灵活性和扩展性，以支撑在智能应用中更为复杂的后台任务路径分流。流程引擎技术需要引入机器学习技术，以逐渐实现流程的智能化流转管理，如在共享派工时实现更为灵活和均衡的智能派工。

第四，机器学习引擎。机器学习引擎是人工智能技术的关键组件，能够将一系列算法进行封装，并形成标准化的输入和输出。机器学习引擎能够通过对带有特征和标签的大量历史数据的学习自主发现规则或算法，并将这些规则或算法应用于财务工作场景中，实现对人工的辅助或替代。机器学习引擎是财务信息化从自动化向智能化迈进的关键一步。

第五，分布式账簿引擎。分布式账簿引擎可以理解为实现区块链在财务领域应用的重要基础。分布式账簿引擎通过在业务系统与财务系统建立统一的底层账簿的方式，实现每一笔交易发生时的平行记账，并基于区块链的原理实现去中心化和数据一致。分布式账簿引擎能够为内部往来核对、关联交易核对、业财一致性核对等复杂业务问题提供技术支持。

在完善的数据支持及多个技术引擎的共同作用下，财务信息化架构能够实现从传统的自动化向智能化的转变。

第二节　人工智能技术对财务管理的推动

一、机器人流程自动化技术对财务管理的推动

（一）机器人流程自动化技术的概念及特点

机器人流程自动化是一种基于软件机器人和人工智能概念的计算机脚本语言，是用于实现用户界面的自动化技术的软件工具。RPA（机器人流程自动化）具有多功能、跨应用的特点，可以执行删除重复、复制等任务，以此达到帮助员工提高效率的目的；还可以连接企业内外部信息系统，使数据的集成和拿取更加简单便捷，以此提高用户的体验感。

RPA 擅长模仿人工操作方式完成大量重复性工作，其具有以下技术特点。第一，持续工作口RPA 可以全天 24 小时运行，大大提升了企业财务管理工作的效率。第二，规则明确。前期工作人员需要编写基于明确规则且能够完整运行的脚本，促使 RPA 持续运行。第三，以外挂形式存在。RPA 在另外的系统中运行，不会改变企业的架构。第四，强大的模仿能力。RPA 按照人工操作方式来运行。

（二）RPA 财务机器人的概念及功能特点

财务机器人是 RPA 技术运用于财务领域的产品，它可以模拟财务人员的工作流程并进行自动化操作，代替工作人员完成工作量大、规则明确、重复率高的基础业务内容。人们把 RPA 财务机器人当作财务部门的虚拟会计，将其放置在特定的流程节点进行自动化工作。

结合 RPA 的功能和特点，RPA 财务机器人的功能可以归纳为以下几点。第一，数据检索与记录。计算机模拟财务人员常规人工操作的流程，并将其记录下来，在相关类似的业务发生时自动触发所需数据的检索与记录。第二，图像识别与处理。RPA 财务机器人借助 OCR 技术自动扫描、识别凭证等文件，并提取出与业务相关的文字、数据，再经过系统筛查，留下可以用于自动化处理的数据。第三，平台上传与下载。RPA 财务机器人根据预定的运行脚本自动登录企业内外部信息系统，完成相关财务信息的上传与下载。第四，数据加工

与分析。RPA 财务机器人对搜索和下载到的数据自动进行筛选、审查、计算和分析。第五，信息监控与产出，RPA 财务机器人可以通过模拟人类判断，实现工作流分配、标准报告出具、基于明确规则的决策、自动信息通知等功能。

RPA 独有的技术特点使得 RPA 财务机器人比较擅长处理大量重复的业务内容和基于明确运行规则的模拟人工操作流程。RPA 财务机器人有以下技术特点：第一，处理量大且易错的业务，如报销票据的审核、增值税专用发票的验证、与往来单位或银行的对账等。第二，系统内嵌的多个异构系统不会改变系统。第三，采取 7×24 小时的工作模式，弥补了财务人员工作精力及工作时间有限的不足。

（三）流程自动化是实现智能财务的第一步

在财务管理领域，RPA 技术基本覆盖了财务运营管理的方方面面，如账单管理、报表管理、预算管理、信用管理、税务管理、流程控制等，各个企业流程的规范化、标准化程度不同，RPA 技术应用的范围也不同。

RPA 技术仍然不是真正的智能财务。RPA 技术应用的实现基础依然是传统流程规则的明确，它是针对企业现有信息系统提供的外挂自动化软件，对企业已经存在的系统、应用和流程不会有任何影响，只是把需要人工操作的部分变成由机器代替人来操作。

智能财务实现的基础是机器的自我学习、自我认知能力。RPA 技术不仅仅是基于明确规则的自动化机器人，而且综合运用了人工智能的多项最新技术，如图像识别技术、语音识别技术、自然语言处理技术、语义解析技术、规则与流程引擎技术、机器深度学习技术等人工智能相关技术，为企业提供多场景、全方位的智能财务服务。以实际的应用场景为例，真正的智能财务机器人不仅要能自动化执行相关操作，如自动生成凭证、自动对账、自动月结、自动付款、自动报税等，还要具备自我学习、自我纠正的能力，通过自我学习使自身功能更加强大。

从人工智能在企业财务管理中的应用过程来看，要实现企业财务运营智能化，先后需要经过业务流程自动化、机器人流程自动化、自然语言识别、智能或认知计算、模型化等几个阶段的发展与沉淀。RPA 技术的应用与积累是企业实现财务运营智能化的关键。

二、光学字符识别技术对财务管理的推动

（一）光学字符识别技术的概念

光学字符识别（OCR）是通过扫描等光学输入方式将各种票据、报刊、书籍、文稿及其他印刷品的文字转化为图像信息，再利用文字识别技术将图像信息转化为可以使用的计算机输入技术，可应用于银行票据、文字资料、档案卷宗、文案的录入和处理领域，适合银行、税务等行业大量票据表格的自动扫描识别及长期存储。对于一般文本而言，通常以终极识别率、识别速度、版面理解正确率及版面还原度四个指标作为 OCR 技术的评测依据；对于表格及票据而言，通常以识别率或整张通过率及识别速度作为 OCR 技术的测定标准。由于 OCR 技术是一项与识别率相关的技术，因此如何除错或利用辅助信息提高识别正确率是其最重要的课题。而根据文字资料存在的媒体介质及取得这些资料的方式不同，就衍生出各式各样、各种不同的应用。

OCR 技术可以说是一种不确定的技术，其正确率就像是一个无穷趋近函数，其趋近值只能靠近而无法达到。其涉及的因素众多，如书写者的习惯或文件印刷品质、扫描仪的扫描品质、识别的方法、学习及测试的样本等都会影响其正确率。OCR 产品除了需要有一个强有力的识别核心外，其操作使用方便性、所提供的除错功能及方法也是决定其质量的重要因素。一个 OCR 识别系统的目的很简单，即将影像进行转换，使影像内的图形继续保存，有表格则将表格内的资料及影像内的文字一律变成计算机文字，使影像资料的储存量减少、识别出的文字可再使用及分析，当然也可节省因键盘输入而耗费的人力与时间。

（二）光学字符识别技术在财务领域的应用

目前，OCR 技术在财务领域的应用主要分为以下两个模块。

1. 识别确认模块

OCR 识别的基础工作为定义、识别引擎模板，模板根据位置、识别区域来确定影像中要转换为电子信息的内容，通过标示项由引擎自动定位影像区域，模板定义时可对识别内容进行校正。识别模板可以识别影像文件中的任何内容。OCR 识别发票代码、号码、日期、金额、税额、购买方税号、销售方税号七个识别项后，形成结构化数据，用于认证、记账等流程。

2. 记账应用模块

在财务共享中心利用 OCR 识别结果可提高记账信息集成度，提高记账效率和质量。财务共享中心模板通过使用 OCR 识别结果在初始生成凭证预制信息时，会对行项目中的税行进行预录入，按照识别信息逐行生成"应交税费—增值税"等项目，并写入税额、税码信息，完全替代人工维护"应交税费"行项目。

第四章　智能财务分析

第一节　智能财务概述

一、智能财务的内涵

智能财务是指将以人工智能为代表的"大智移云物区"等新技术运用于财务工作，对传统财务工作进行模拟、延伸和拓展，以改善财务信息质量，提高财务人员工作效率、降低财务人员工作成本、提升财务人员合规能力和价值创造能力，促进企业财务在管理控制和决策支持方面发挥作用，通过财务的数字化转型推动企业的数字化转型进程。下面从四个方面阐释智能财务的内涵。

（一）智能化场景设计和新技术匹配运用是智能财务的本质

财务领域中智能化应用场景的精心设计和"大智移云物区"等新技术的匹配运用，是智能财务的本质所在。以人工智能为代表的"大智移云物区"等新技术主要包括大数据、人工智能、移动互联网、云计算、物联网和区块链等。其中，大数据是以容量大、类型多、存取速度快、应用价值高为主要特征的数据集合，正快速发展为对数量巨大、来源分散、格式多样的数据进行采集、存储和关联分析，从中发现新知识、创造新价值、提升新能力的新一代信息技术和服务业态。大数据技术首先是发挥存储和计算功能，然后是洞察数据中隐含的意义，前者依赖硬件设备的升级，后者依赖数据挖掘算法的不断优化创新。人工智能是研究、开发用于模拟、延伸和拓展人的智能的理论、方法、技术及应用系统的一门新的技术科学，其主要发展方向为感知智能、运算智能和认知智能。感知智能模拟人类视觉、听觉和触觉等感知能力；运算智能模拟人类大脑的快速计算和记忆存储能力；认知智能模拟人类大脑的概念理解和逻辑推理能力，有助于进一步形成概念、意识和观念。移动互联网是移动通信和互联网的结合，同时拥有移动通信的随时、随地和随身等便利特性，以及互联网的分享、开放和互动等社交特性。云计算是一种基于互联网的计算方式，其可以将共享的软硬件资源和信息按需要提供给计算机和其他设备。广义上的云计算包括后台硬件的云集群、软件的云服务和人员的云共享等不同形态。物联网是指通过二维码识读设备、射频识别装置、红外感应器、全球定位系统和激光扫描器等信息传感设备，按约定的协议，把任何物品与互联网相连接，进行信息交换和通信，以实现智能化识别、定位、跟踪、监控和管理的一种网络，主要实现物品与物品、人与物品、人与人之间的互联。区块链是分布式数据存储、点对点传输、共识机制、加密算法等计算机技术的新型应用模式，其核心特点是实时共享、可追溯和不可篡改。

（二）智能财务共享平台建设和新型财务管理模式构建是智能财务的落脚点

智能财务的建设过程应着重聚焦两个落脚点——智能财务共享平台的建设和新型财务管理模式的构建，主要包括业务流程设计、共享平台设计、财务组织规划和财务制度设计四项内容。其中，智能财务共享平台的建设需要从业务流程梳理和优化出发，落脚于智能财务共享平台的开发和运用，以实现智能财务建设过程中的业务驱动财务、管理规范业务和数据驱动管理三个目标；新型财务管理模式的构建，通过财务组织的重新架构、职责权限的重新划分、财务岗位的重新界定、财务人员的转型提升和管理方式的重新选择，借助智能财务共享平台和配套制度的保障，来实现会计职能转型。

（三）对传统财务工作的模拟、延伸和拓展是智能财务的实质

模拟是指模仿现成的样子，如会计核算软件中记账凭证、账簿和报表的半自动或自动生成，就是对传统会计核算工作的模拟；延伸是指在宽度、大小、范围上向外延长、伸展，如智能财务不受数据收集和整理能力的限制，可以核算到最小经营单元的损益和投资收益；拓展是指在原有的基础上，增加新的内容，是质的变化而非量的变化。智能财务中的大数据分析更多的是运用数据的聚集效应和数据之间的关联关系来寻找数据本身所蕴含的经济规律，是对传统财务工作的拓展。

智能财务对传统财务工作的模拟，包括证、账、表等会计核算的自动化，以及财务分析报告的半自动或自动生成，可大幅提升财务人员的工作效率，提

高财务会计信息的质量，同时大幅降低财务管理成本；智能财务对传统财务工作的延伸，包括资金管理、资产管理、税务管理、预算管理、成本管理、投资管理和绩效管理等方面的精细化和前瞻性，可大幅提升财务规划指导和财务规范管理的效率；智能财务对传统财务工作的拓展，包括相对固定的管理会计报告和基于大数据的分析应用，可大幅提升财务部门对业务部门和管理部门以及企业高层领导部门决策的支持能力，促使财务人员实现从本位思考向换位思考和全局思考的转换。促进财务工作效率的提升，使财务工作更好地服务于业务工作和管理工作是智能财务的目标。

二、智能财务的特征

智能财务具备以下五个特征：一是全面共享。包括整个企业对于智能财务相关平台、智能财务相关数据、智能财务相关人员和智能财务相关组织的共享。二是高效融合。在政策、规则、流程、系统、数据和标准统一的基础上，实现企业中业务、财务和管理的一体化融合。三是深度协同。在新型财务管理模式下，基于智能财务相关平台，实现财务专业分工、各级财务组织以及业务、财务、管理各部门之间的深度协同。四是精细管理。借助智能财务建设的契机，采集最小的交易数据和过程数据，实现基层业务单元层面和流程环节层面的精细化管理。五是力求智能。智能财务建设应注重体现智能财务本质特色的智能化应用场景设计（简称智能化场景设计）和相应新技术的匹配运用（简称新技术匹配运用）。

三、智能财务的构建逻辑

智能财务的目标是促进财务工作的提升，更好地服务于业务工作和管理工作，这就有必要针对财务工作任务逐一确定智能财务的工作目标，并进一步探讨财务工作目标的实现方式，包括智能化场景设计和新技术匹配运用。基于此，智能财务的构建涵盖了财务工作任务、财务专业分工、智能财务工作目标、智能化场景设计和新技术匹配运用等核心内容。

第二节 智能财务的构成要素与基本框架

一、智能财务的构成要素

（一）技术应用视角的构成

财务领域中智能化应用场景的精心设计和"大智移云物区"等新技术的匹配运用，是智能财务的本质所在。从技术应用视角来看，智能财务由智能化场景的设计和新技术的匹配运用两个要素构成。其中，智能化场景的设计基于针对具体财务工作任务的智能财务工作目标，依赖对"大智移云物区"等新技术的精准匹配运用，重在精心构思和巧妙设计。这些新技术包括但不限于"大智移云物区"，可能涉及的新技术可参见高德纳咨询公司每年公布的"十大战略科技发展趋势"，以及我国相关部门公布的"影响中国会计人员的十大信息技术"中的候选技术。

（二）建设思路视角的构成

智能财务的建设是一个复杂的系统性工程，需要考虑的各类事情众多，需要梳理的各类关系复杂。但其核心落脚点有两个：一是智能财务共享平台的建设；二是新型财务管理模式的构建。其中，智能财务共享平台的建设重在将业财管一体化业务流程嵌入智能财务共享平台，功能范畴应同时覆盖实务中财务会计和管理会计两个财务工作领域。智能财务共享平台可划分为智能财务会计共享平台、智能管理会计共享平台和大数据分析应用平台，分别聚焦于财务会计工作领域中的工作任务、管理会计工作领域中的单项管理会计工作任务以及管理会计工作领域中的交叉、综合和复杂的管理会计工作任务。新型财务管理模式的构建重在智能财务组织的构建和智能财务运行规则的构建，组织范畴应同时涵盖企业各级财务组织。新型财务管理模式的构建包括模式选择、模式设计和模式落地运行等重点工作，应基于智能财务共享平台，围绕管理会计落地和财务职能转型进行，也应符合本企业经营管理的实际情况。

（三）建设工作视角的构成

智能财务两个核心落脚点的具体实现，即智能财务共享平台的建设和新型财务管理模式的构建，依赖智能财务建设过程中的四项具体建设工作的实际开展。一是智能财务组织的规划、设计和架构; 二是智能财务相关业务流程的规划、设计和执行; 三是智能财务平台的规划、设计和落地; 四是智能财务相关的制度体系的规划、设计和运行。智能财务建设是一个全新的探索性工作, 人们对于智能财务及其建设的认识是逐步深入和明晰的。在智能财务实际建设过程中, 每项建设工作都有不同的工作阶段。这四项建设工作既相对独立又紧密关联, 彼此间交叉进行。在智能财务建设实际工作中, 需要具体关注和做好财务组织规划、业务流程设计、共享平台设计和制度体系设计这四项建设工作, 还需要关注和理顺这些建设工作之间的关联关系, 以便恰当安排智能财务建设各项工作的进度, 合理配置智能财务建设各类资源。

二、智能财务的基本框架

智能财务的核心内涵即将以人工智能为代表的"大智移云物区"等新技术运用于财务工作, 对传统财务工作进行模拟、延伸和拓展。

（1）智能财务的构建运用: 财务工作领域界定—财务工作任务划分—财务专业分工确认—智能财务工作目标确定—智能化场景设计—新技术匹配运用。

（2）智能财务的构成要素: 技术应用视角（智能化场景设计、新技术匹配运用）; 建设思路视角（智能财务共享平台建设、新型财务管理模式构建）; 建设工作视角（财务组织规划、业务流程设计、共享平台设计、制度体系设计）。

（3）智能财务的发展趋势: 智能应用视角（弱智能—强智能、点状应用—网状应用）; 财务共享视角（财务会计共享—管理会计共享、实体组织共享—虚拟组织共享）; 数据处理视角（数字化、自动化、无纸化）。

第三节　智能财务的建设思路

一、智能财务建设的总体思路

智能财务建设是财务领域的一场重大变革, 是新技术运用推动的财务管理变革, 其不仅涉及创新型智能财务共享平台的建设, 更重要的是, 还要在智能财务平台的支持下实现财务转型, 构建新型财务管理模式。

（一）智能财务建设的定位

为满足财务工作提升需要、企业数字化转型需要和行业高质量发展需要，应探索智能财务建设，将其作为企业整体数字化建设的重要组成部分和首要突破口，在助力财务转型、新型财务管理模式构建的同时，推动企业整体数字化的发展进程，并通过财务管理水平的提升带动企业整体管理水平的全面提升。

（二）智能财务建设的目标

智能财务建设旨在达成以下三个目标：一是财务层面。立足于业务驱动财务，借助智能财务会计共享平台，实现会计核算的标准化和自动化、资金结算的集中化和自动化、资产盘点和对账的自动化、税务计算和申报的自动化以及会计档案管理的电子化和自动化，提升企业财务人员的工作效率和财务信息的质量，推动财务工作从核算型转向管理型。二是业务层面。立足于管理规范业务，借助智能管理会计共享平台，实现预算编制和分析的自动化、预算控制的前置化和自动化、成本归集和计算的自动化、项目管理的标准化和过程化以及税务风险检测的智能化，以更好地支持业务开展、规范业务管理和强化过程控制，提升企业管控水平。三是管理层面。立足于数据驱动管理，借助大数据分析应用平台，通过建立多维分析模型和数据挖掘模型，实现服务业务经营、精细协同管理、辅助决策支持和全面风险评估，促进企业数字化转型升级，推动企业高质量发展。

（三）智能财务建设的原则

智能财务建设需要充分体现智能财务的五大特点，即全面共享、高效融合、深度协同、精细管理和力求智能。除此之外还需遵循以下四项原则：一是系统性原则。智能财务建设涉及智能财务共享平台和大数据分析应用平台的建设，与业务经营管理平台、大数据基础平台和外部交易管控平台的对接，以及对业务经营管理平台的改造提升，有必要对其进行系统化规划设计。二是前置性原则。智能财务建设的整体规划设计和具体方案设计应根据财务信息化发展趋势，基于智能财务研究和建设的现状与未来发展，面向企业高质量发展和管理需要，对智能财务建设开展探索性研究。三是先进性原则。在智能财务建设的过程中，最能体现智能财务本质特点的是针对不同财务工作任务设计智能化应用场景，然后针对不同智能化应用场景探索新技术的匹配运用。这就要求企业精心设计智能化应用场景，并且要保证技术运用的先进性。四是可行性原则。智能财务建设的整体规划设计和具体方案设计应基于企业财务管理现状和实际工作需要进行，恰当选择和运用新技术，保证智能财务共享平台能够在软件供应商的努力配合下顺畅运行，实现企业财务管理乃至整体管理的数字化转型。

二、智能财务共享平台建设的要点和重点

（一）智能财务共享平台建设的要点

智能财务共享平台建设涉及三个子平台，分别为智能财务会计共享平台、智能管理会计共享平台和大数据分析应用平台。三个子平台的核心建设逻辑、基本建设目标、关键建设基础以及重点建设工作各有侧重。

（二）智能财务共享平台建设的重点

智能财务共享平台建设旨在通过标准化、数字化和一体化建设实现智能化，在建设过程中需要抓好以下五项重点工作。

一是业务流程梳理，旨在改造、优化业务流程。业务流程是指业财管一体化的流程。智能财务建设的过程是流程再造的过程，可通过流程梳理实现。流程梳理的基本思路为：首先，梳理现有业务流程；其次，优化现有业务流程；最后，转换为智能财务共享模式下的业务流程（突出智能化场景设计和新技术匹配运用），并在智能财务建设和运营过程中持续优化。流程梳理过程可借助业财管一体化的流程图和蕴含丰富灵活信息的流程矩阵来展现自上而下划分层级的、业财管一体化的企业业务流程全景图。业务流程节点是表单附件的载体，其梳理是表单附件梳理的基础。

二是表单附件梳理，旨在改进表单附件，实现表单附件的标准化、电子化和数字化。智能财务建设的重要目标之一是通过业务驱动财务，实现核算自动化。这就需要基于实际业务大类和业务细类，针对具体业务节点，对业务发生过程中产生的会计核算表单及附件进行详细梳理，包括表单编码、表单名称、表单样式、表单数据项、表单数据项属性以及表单对应的附件编码、附件名称、附件内容、附件样式和附件排序等细项。表单附件梳理可为数据标准梳理和信息系统改造提供依据。

三是数据标准梳理，旨在调整或新建数据标准。智能财务建设为企业数据标准梳理提供了良好契机。数据标准梳理的根本目的是数出一门、数存一处和

一数多用。数据标准梳理的基本思路是从最底层业务流程节点的表单中以及正在使用的和未来可能使用的内部管理报表中抽取数据项，合并同类数据项，并对数据项的名称、含义、参考来源和使用维度等关键属性进行规范。数据标准梳理向信息系统对接提出内容要求、格式要求和方式要求。

四是信息系统梳理，旨在改造提升和新建信息系统。智能财务建设是信息系统再造的过程。一方面，需要引进财务共享运营管理平台、影像管理平台以及电子会计档案管理系统等全新的智能财务共享专用信息系统；另一方面，需要改造提升与智能财务共享相关的业务系统、财务系统和管理系统，以解决在智能财务建设过程中的系统对接问题和系统整体优化问题，从而实现文件附件的电子化和数字化、财务处理的自动化（含自动稽核和凭证自动生成）以及电子会计档案归集的自动化。

五是模型算法梳理，旨在新建或优化模型算法。智能财务建设的另一重要目标是通过数据驱动管理实现服务业务和辅助决策，这就需要根据实际问题、可得数据和备选方案对大数据分析应用涉及的多维分析模型和数据挖掘模型以及相应算法进行梳理。模型算法梳理的目的是基于企业内部大数据（主数据、基础数据、业务数据、财务数据和管理数据）及企业外部大数据（行业数据、经济数据和环境数据等），实现对业务、财务和管理方面的多维分析以及针对典型业务场景的数据挖掘。

第五章　智能时代财务共享理论研究

第一节　财务共享的内涵及理论基础

一、财务共享的内涵

（一）财务共享服务的概念及特点

20世纪80年代，共享服务在美国的福特公司开始实施；1993年，Gunn Partners公司的几个创始人首次确定了"共享服务"这一创新管理思想。布赖恩·伯杰伦（2003）在他的《共享服务精要》一书中这样定义共享服务：将共享服务看成企业合作战略中的一个全新的半自主的业务单元，包含并替代现有的经营职能。该业务单元以降低成本、提高效率、创造更高的经济价值、提高对内部客户的服务质量为目标，并拥有相应的管理机构，以保障其能够像企业一样，独立自主地在市场中展开竞争。陈虎、孙彦从（2014）在研究国内共享服务的相关专著和论文之后，认为共享服务的出现和发展源于信息网络技术的推动，它是一种充满创新的运营管理模式。与传统的管理模式不同的是，它更加注重以顾客需求为导向，所提供的专业化共享服务是以市场价格和服务水平协议为基准，将过去企业内部各业务单元分散的、重复性较高的业务整合到财务共享服务中心集中处理，达到整合资源、降低成本的目的，同时使各业务单元集中精力和资源专注于核心业务，达到提高效率、保证客户满意的效果。

"共享服务"这一创新管理理念被提出之后，受到越来越多公司的重视。那么，在什么情况下会采用这种理念呢？主要是随着企业规模不断扩大，每个分公司都需要配备同样的财务、采购、人力人员，且由于地区和公司差异造成各分公司的流程和标准的差异化和多样化，各个业务单位的业务量不均，这些从整个集团公司层面来说，在浪费资源的同时，大大降低了各项业务的处理效率。对现代企业而言，"共享服务"成为企业业务流程再造和标准化、提高服务质量、降低成本、提高效率的最有效的方式。

财务共享服务是共享服务在财务领域的应用与推广，是一种全新的财务管理模式。简而言之，财务共享服务是将不同组织机构或部门的财务职能、流程进行整合后归集到一个独立或者半独立的新组织或部门中，为集团公司的内部客户提供更加专业、高效的财务服务，同时为集团财务管理降低成本，创造新的利润点。这一个独立或者半独立的机构，即财务共享服务中心。财务共享服务作为一种创新性的财务工作方式，是由财务共享服务中心为集团公司提供标准化的财务工作，从而实现集团内的四大共享。其主要内容如下：①人员共享，财务共享服务中心的工作人员统一处理流程化的重复性工作；②信息共享，集团内员工可以在授权范围内共享财务服务中心的财务数据；③运营共享，由于财务工作比较集中，财务共享服务中心可以通过统一运营、集中资金管理的方式来降低融资成本，提高投资收益；④管理共享，由财务共享服务中心统一管理会计工作，使会计信息更加规范、标准，能为集团提供更加准确的会计资料。

财务共享服务作为新型的财务管理模式，具有以下五个特点：①技术性。财务共享服务中心对先进的、高效率的信息通信技术及软件系统的依赖性很高。②规模性。企业中存在协调性差或迥异的业务活动，而财务共享服务中心可以通过整合这些业务活动形成规模经济，降低企业的交易成本。③专业性。财务共享服务中心作为一个单独的商业实体，其员工具备较强的专业能力，能为客户提供专业化的服务，能增加企业的经济价值，实现企业的价值创造。④服务性。财务共享服务中心以服务客户为目标，以提高客户的满意度为宗旨，根据客户的不同需求来提供多样化的服务，并根据协议内容向客户收取服务费用。⑤统一性。集团建立财务共享服务中心，遵循统一的原则，建立统一的操作模式，运行统一的流程，执行统一的标准，这样有利于提高业务处理效率，促进企业规模不断扩大，实现规模经济，降低运营成本。

（二）财务共享服务的模式

企业集团财务共享服务中心的战略结构模式主要包括三种，即"全球中心""区域中心""专长中心"。

"全球中心"是将企业集团在全球范围内的某些业务流程集中到一个财务

共享服务中心进行统一处理，为全球范围内的各业务单位提供服务，促进业务流程的标准化，最大限度地发挥企业的规模经济，降低成本，增加企业价值。"全球中心"模式规模经济优势明显，但这种模式不仅需要满足不同国家和地区的业务要求，而且需要适用全球不同国家、不同地区的税务和法规。"全球中心"模式对信息技术的要求很高，它需要一个完全整合的系统。因此，建立全球统一的标准化业务处理流程是"全球中心"模式的重点和难点。

"区域中心"是将集团的全球业务划分为多个区域，将每个区域的业务流程集中到区域财务共享服务中心集中处理。按地理区域建立财务共享服务中心，可以制订与当地要求相符的业务流程，适应当地的税务规则和法律规范，并且使各方面的要求在相对适中的范围内统一。虽然这种模式标准化程度以及对系统和人员的要求相对较低，但有利于企业集团进行管理。

"专长中心"是在某种或某类功能的全球化管理和各种功能相互合作的基础上建立的，其目标是消除重复劳动，提供专业化服务，培养各类职能的专业人才。

各企业集团必须从实际出发，结合公司自身的行业特点、所处环境、发展战略等具体情况，建立适合本企业的财务共享服务中心。

（三）财务共享服务的优势

财务共享服务中心之所以能在大型企业得到广泛施行，是因为它具有以下五个方面的优势。

1. 降低财务工作成本

第一，财务共享服务中心通过流程再造，将业务流程和规则集中起来，并省略一些多余的步骤。这种新的工作模式更加规范、标准，能够为降低成本、提高效率奠定基础。

第二，对流程进行简化集中，这样不仅可以使操作更加简单、规范，还为监督检查工作省去了许多不必要的步骤。集中化的财务管理使得企业风险也得到一定程度的集中，更加便于对各分公司的风险进行把控，进一步降低企业的运营成本和风险。

第三，财务共享服务中心能够将整个集团的资金集中管理，能够利用资金的规模效应获取更低的融资成本、更高的投资议价能力及更高的资金安全性等。

第四，建立财务共享服务中心所取得的优势可以形成良好的循环，形成基于财务共享服务中心的成本效益循环图。通过建立财务共享服务中心可以形成规模经济效应，降低成本，提高效率，进而提升企业效益；企业效益提升反过来会进一步促进规模经济效应，降低成本，提高效率。

2. 提高效率和服务质量

财务共享服务中心通过标准化的操作、细致的分工来加强服务的专业化程度，能够为集团公司提供高质量、高效率的财务信息。这些主要依赖于业务流程标准化、信息系统的支撑，以及管理方法的支持。

首先，业务流程标准化使得会计信息获得途径得以统一，分工更加细致，形成高效、高质量的会计信息；其次，信息系统支撑了整个流程的运作，并为异地会计信息的传递提供了工具支撑；最后，通过对财务共享服务中心运营中的绩效、服务、产品质量等管理的支持，能够进一步保障运营效率和产品质量。

财务共享服务中心的建立，可以提高集团公司整体的财务工作效率，为整个集团提供更加优质的财务服务；使财务从简单的职能部门转变为集团公司的战略伙伴，除了进行会计核算工作外，还有余力为企业提供更加详细的数据分析服务。

3. 促进财务部门核心业务的发展

通过规范、专业的操作，财务共享服务中心拥有较强的流程操作能力，以节省成本，保证公司战略的执行。建立财务共享服务中心，实现公司财务水平的平衡，确保不同机构财务业绩的可比性和可信度，提高财务管理风险防范能力。

财务共享服务中心为集团提供标准化的财务服务，可以有效支持企业核心业务的发展，为内部业务部门和外部客户提供足够的职能支撑。所以可以将业务部门和外部客户的重复性操作、非核心数据业务交由共享服务中心处理，而公司则重点关注核心业务。

传统财务管理模式中超过50%的财务资源都在交易处理和会计业务中，已经无法满足企业价值日益增长的需求，很难发挥其传统功能为企业管理提供决策和战略支持。在这一形势下，决策支持功能在整个财务功能中的占有比例应该更高，财务人员应该更多地关注能够创造直接价值的财务活动。

集团公司通过财务共享服务中心实现财务转型，在企业快速扩张的时候提供有力的财务支持，也有助于企业实施发展战略，增强企业发展的潜力。当集团成立新的分支机构或兼并、收购其他公司的时候，财务共享服务中心可以以标准化的操作、较低的成本和高效率为集团和分支机构提供财务服务，有效地提高了集团公司的整合能力和核心竞争能力。

4.增强企业扩大规模的潜力

经济全球化趋势加强，企业之间的兼并和分立越发频繁，而企业规模扩大以后，管控难度会增大，风险会增加，往往会出现"大企业病"。财务共享服务中心的出现，为解决这一大难题提供了强有力的支持。财务共享服务中心通过标准化、专业化、流程化的运作，降低企业运作成本，为企业规模的扩大创造了条件。

5.增加企业价值

企业财务共享服务中心本身就是一个独立的经营实体，它不仅可以为企业内部业务部门提供服务，还可以为外部客户提供服务，以增加企业额外收益。财务共享服务外包为企业开辟了新的市场，创造了新的经济增长点。

二、相关理论基础

（一）规模经济理论

规模经济理论源自美国，反映了大批量生产出现的经济性规模。亚当·斯密曾在《国富论》一书中从劳动分工和专业化的角度揭示了生产效率的提高主要在于劳动分工，而劳动分工建立在一定规模生产量的基础之上。因此，劳动分工可提高生产效率，从而促进整体效率的提高，达到规模经济。马歇尔对这一理论进行了更深层次的解释。他在《经济学原理》一书中论述了规模经济的两种形成途径：一是企业通过自身对资源的充分有效利用、组织，促进经营效率的提高而形成的内部规模经济；二是企业通过兼并重组、扩大行业规模而实现的外部规模经济。美国经济学家保罗·A.萨缪尔森在《经济学》一书中指出："导致在企业里组织生产的最强有力的因素来自大规模生产的经济性。"

规模经济是指在一定时期内，企业产品生产量扩大的同时，单位产品成本下降，从而提高企业的经营利润。财务共享服务就是将企业不同业务部门中重复性高的、烦琐的、标准化程度高的业务集中到财务共享服务中心进行处理，减少员工处理工作的时间，降低业务处理单位成本，提高效率；同时，释放出更多的人力资源投入企业核心业务上，促进企业核心业务的发展，提高经济效益，从而符合"规模经济理论"这一原理。

（二）标准化理论

"标准"一词由泰勒提出，其概念是对活动或其结果规定共同的和重复使用的规则、导则或特有的文件。财务共享服务以标准化原理为支撑，财务共享服务中心通过制订统一的标准、建立标准化的业务流程，降低财务管理成本，提高工作效率。

财务共享服务中心的运营和管理离不开标准化理论的支撑。财务共享服务中心通过制订、发布、实庵一定的标准，将业务流程、文档资料和服务方式等规范为统一且可重复的规则，从而使业务能够规范化运作，工作效率得到提高，服务质量得到改善。

（三）委托代理理论

委托代理理论是契约理论的重要内容之一，由美国经济学家伯利和米恩斯在 20 世纪 30 年代提出。该理论提倡两权分离，即所有者在保留所有权的同时，将经营权利授予代理人，由代理人行使相应的决策权利，委托代理关系由此产生。在委托代理关系中，由于委托人与代理人作为独立个体追求的利益目标不同，委托人追求企业价值最大化，代理人则追求更多的报酬和增加闲暇时间，所以可能导致两者之间发生利益冲突。因此，在企业面临利益冲突与信息不对称的情况下，委托人如何设计最优契约对代理人进行监督和激励成为该理论的主要研究任务。委托方需要制订激励制度来激励代理人做出最有利于委托人的决策行为，同时委托人要加强对代理人代理行为的有效监督。要想解决"代理人问题"，就会产生监督成本、激励成本和剩余损失，所以委托人要寻找使这三者之和最小的方法来解决信息不对称、利益趋向不一致等代理问题。

企业集团规模扩大，分公司数量不断增加，就可以建立财务共享服务中心，促进企业资源整合。股东可以通过财务共享服务中心了解集团信息，这样可以提高集团财务信息的透明度，降低集团公司获取信息的成本，减少集团与分公司信息不对称的情况，有利于集团对分公司的有效管理，确保企业集团可持续发展。

（四）流程再造理论

迈克尔·汉默提出业务流程重组的思想，在满足客户需求的基础上，对企业目前的业务流程进行重组再造，改变企业的传统组织结构和流程。卢克认为，流程的再造和共享是财务共享服务的核心，要根据流程再造理论的内涵开展财务共享工作。流程再造首先是从整体出发，对流程中重复性的流程进行再造；其次是对组织架构和业务方式的再造，从而能配合流程的再造，改变企业整体的经营管理方式并相互连接，使流程更加顺畅，并提升企业的整体绩效；最后是注重信息的共享、可靠和及时，为业务处理和决策提供可靠依据。

（五）资源整合理论

企业的资源有不同的来源、内容、层次和结构，而资源整合就是将这些资源通过选择、汲取、激活和融合创造成新的资源，使其更具有柔性、条理性、系统性和价值性的一个动态过程。企业建立财务共享服务中心就是一个将资源拆分又整合的过程，其结果是使企业的成本降低、处理效率提升。

（六）扁平化理论

扁平化是通过将原有的多个层级的管理组织进行精简，降低管理跨度，使高层决策能快速地传递到企业的各个管理组织，使基层的各个组织都能了解企业的高层决策并参与其中，促使决策更加透明和准确。财务共享正是改变了以财务部为中心的传统组织结构，在流程再造和资源整合之后，将基础的、重复性高的财务核算工作的处理放在财务共享服务中心，其处理结果可以快速传递和共享，这样从基层到高层都能迅速地获取所需要的财务信息。

（七）系统科学理论

系统是由不同要素构成的一个有机整体，这些要素相互联系和作用。企业财务共享平台就是一个系统，能够系统性地生成，系统性地解决问题，系统性地实现企业降低成本、提高决策能力等方面的目标，是系统科学在企业财务领域、管理领域、价值管理领域、信息管理领域的新的管理方式及应用。在系统科学视野下，探讨企业财务共享系统的内外环境、各要素之间的协调合作，探索财务共享系统运行的流程、规律及结果，对丰富和发展企业财务共享平台建设具有重要的理论价值和应用价值。

第二节　财务共享的发展历程

财务共享服务从 20 世纪 80 年代发展至今已有 40 余年，全球财务共享服务中心的发展历程大致可以分为三个阶段，即 20 世纪 80 年代的初步应用阶段、20 世纪 90 年代的逐渐成熟阶段以及 21 世纪初期的成熟和持续发展阶段。

在初步应用阶段，国外几家大型公司开始试水财务共享服务，此时财务共享服务理论刚被提出不久，这一创新的财务运作模式还没有足够的实践经验，实施财务共享的主要动力是为了降低随着集团扩张而日益上升的财务管理成本。

在逐渐成熟阶段，财务共享服务得到了进一步的发展，越来越多的跨国、跨地区经营的集团公司建立了财务共享服务中心，信息技术也发生了重大革新。集团对于 FSSC（财务共享服务中心）的服务要求不再局限于降低成本、提升效率的初级阶段，而是以提高服务质量作为新的要求。

到了成熟和持续发展阶段，财务共享服务的功能已经从提高服务质量拓展到战略支撑；财务共享服务模式已经开始趋向成熟，并被大型集团公司广泛地采用，成为规模扩张后财务管理的必然趋势。

相对于国外 FSSC 的发展，我国的 FSSC 发展时间相对较短。从 1999 年外资公司开始在中国建立财务共享服务中心，到 2005 年中兴通讯成立中国全自动的财务共享服务中心，财务共享服务开始在我国发展起来。近年来，FSSC 在我国更是呈现出高速增长的势头。

越来越多的集团公司通过建设财务共享服务中心产生规模效应，降低财务和行政管理成本。集中、标准化的财务流程将分散在各级机构的财务数据集中起来。通过互联网技术将集团管理权利延伸到基层财务机构，使实践效果得到认可，增强了内外部客户对财务共享服务中心财务产品的满意度。

通过对国内财务共享服务中心发展历程的梳理发现，我国经济在高速增长后涌现出一大批大型集团，因受到早期实施 FSSC 的跨国集团公司的启发，我国开始建立适应我国环境的 FSSC，但是由于成立时间不长，在构建、实施过程中对系统构建、人才培养、风险管控等问题的处理方面还不够成熟，有些集团公司的 FSSC 停留在简单处理基础会计工作上。因此，FSSC 在我国还处于初期应用阶段和逐渐成熟阶段的过渡期，还需要一段时间进行更多的尝试与纠正，以提高 FSSC 的服务意识与质量，从而过渡到成熟阶段。

第三节　"大智移云"技术对传统财务共享的冲击

一、"大智移云"技术概述

"大智移云"是在2013年8月中国互联网大会上提出的新名词。"大智移云"是将大数据、人工智能、移动互联网和云计算综合在一起，彼此相互关联。云计算技术使处理工具发生了天翻地覆的变化，移动互联网使沟通媒介发生了质的改变，大数据提供的数据基础成为新发明和新服务的源泉，人工智能使财务工作更加智能化。

大数据又被称为巨量资料。维克托·迈尔-舍恩伯格及肯尼斯·库克耶编写的《大数据时代》中说，大数据是一种海量、高增差率和多样化的信息资产。大数据具有"5V"特征，即Volume（大量）、Velocity（高速）、Variety（多样）、Value（价值密度）、Veracity（真实性）。在大数据时代，每天都会产生海量数据，若仅仅把大数据存储起来，并不会产生太大价值；若在合理时间内对这些海量数据进行提取、管理和处理，会给企业带来巨大的经济增加值。

人工智能主要是使计算机模拟人的某些思维过程和智能行为（如学习、推理、思考、规划等），主要包括计算机实现智能的原理、制造类似于人脑智能的计算机，使计算机能实现更高层次的应用。

移动互联网是移动通信和互联网相互结合的产物，其不仅具备移动通信随时、随地、随身的优势，还具备互联网分享、开放、互动的优势。就技术层面而言，移动互联网是以宽带IP为技术核心，能够同时提供语音、数据和多媒体业务的开放式基础电信网络；就终端而言，用户使用手机、笔记本等移动终端，通过移动网络随时随地获取移动通信网络服务和互联网服务。移动互联网具有终端移动性的特点，让用户可以在移动中接入和使用互联网；移动互联网的高便携性创造了PC端上网不可比拟的优越性；移动互联网具有隐私性，让用户可以使用私有移动设备进行业务处理，能够保证业务内容的隐秘性；当然，移动互联网也存在一定的局限性，可能会受到无线网络传输环境和能力的影响，也可能会受到终端存储能力大小、电池容量等硬性条件的影响。

云计算的定义有很多。IBM（美国国际商用机器公司）认为"云计算是一种新兴的 IT 服务交付方式，应用数据和计算资源能够通过网络作为标准服务在灵活的价格下快速地提供给最终用户"。NIST（美国国家标准技术研究院）则将云计算定义为"是一种按使用量付费的模式，这种模式提供可用的、便捷的、按需的网络访问，进入可配置的计算资源共享池（资源包括网络、服务器、存储、应用软件、服务）。这些资源能够被快速提供，只需进行少量的管理工作，或与服务供应商进行很少的交互"。简言之，云计算就是建立一个资源池，将零散的计算资源集中到资源池中进行系统化、自动化处理，让用户可以根据自身需要，随时随地在资源池中获取自己所需的信息和服务。

根据部署方式不同，云计算一般分为以下三种模式：一是公有云。公有云是云计算服务商或第三方拥有并管理，通过公共网络向非单一的客户提供服务，让用户可以通过互联网来获取资源。公有云成本低，客户可以根据自己取得服务的多少来支付费用，不存在日常的管理和维护费用；与此同时，公有云存在客户对云端的资源缺乏控制、数据的安全性不高等问题。二是私有云。私有云是使用者为单独使用而构建的云计算模式，不对外提供云计算服务。私有云使企业能对数据保密、数据安全、服务质量进行有效把控，但是在企业内部建立私有云对资金和技术的要求非常高。三是混合云。混合云是公有云和私有云的结合，云计算服务的提供商既能满足自身需求，又能对外部客户提供专业服务，它将公有云和私有云的优点集于一身，同时对云计算服务商提出更高的要求。

大数据、人工智能、移动互联网和云计算四种信息技术相互影响、相互关联的新时代即"大智移云"时代。

二、"大智移云"技术对传统财务共享服务的冲击

（一）大数据对传统财务共享服务的冲击

1.财务信息呈现出大数据特点

大数据时代，财务信息随着企业经营范围和规模的扩大，正逐渐呈现出大数据的特点，即规模性、快速性和多样性。

第一，财务信息迅速膨胀。大数据时代下，全球数据总量庞大且增长速度快。随着企业经营范围的逐渐扩大，与之相关的财务信息也大量增加，部分企业的

财务处理效率远赶不上业务活动的开展速度。长此以往，会造成财务工作的大量积压，从而无法为企业的经营决策及时提供财务数据支持。

第二，财务信息形式多样性。大数据时代，数据形式种类丰富。传统的数据形式主要以文本、数字为主，而新型的数据形式则包括网页、社交媒体、感知数据等。财务信息往往会随着企业的经营发展而逐渐增加，而且有部分企业目前的财务信息系统将财务信息转化为数字化语言的程度有限，仍然需要财务人员从大量的纸质资料中提取财务信息；而大数据时代的到来能帮助企业将合同、发票等纸质资料进行数据化处理，从而加快财务信息在企业内部的传递速度。

2. 信息种类和格式多样化

企业信息包括财务信息和非财务信息两大类。财务信息主要以货币为计量单位，对经济交易或事项进行确认、计量、记录和报告，并提供有关会计主体的财务状况、经营成果及现金流量等信息；非财务信息则是指与企业的生产经营活动相关的以非财务数据形式呈现的各种信息，如战略目标、顾客满意度等。企业应当综合考虑财务信息和非财务信息，并在此基础上做出生产经营决策或投融资决策，从而降低企业的运营风险。非财务信息由于可比性较差、记录成本高等，其作用没有得到充分的发挥，目前企业的资源配置和合同治理仍主要以财务信息为基础。大数据时代，大数据计量成本的大幅度下降使得大量非财务信息更多地被记录和存储，这样有利于提升企业的管理能力，能为企业创造更多的价值。

随着信息使用者需求的增多，传统的结构化数据已经不能满足要求，而代表大数据时代到来的另一象征是非结构化数据的普遍运用。大数据时代，数据信息来源广泛，包括社交网络、顾客来访记录、电子商务网站等。大数据带来的除结构化数据以外，更多的是非结构化数据，如微博、邮件、音频、视频、文本等。大数据时代，数据间最重要的关系是相关关系而非因果关系，企业可以利用大数据技术对结构化数据和非结构化数据进行定量分析，发现数据间的相关性，由此确定业务的发展方向。

3. 财务职能由价值保值转变为价值创造

传统财务共享服务的财务职能主要是价值保值，包括会计核算、应收应付管理、税务管理、资金结算、报表编制等基础会计工作。大数据时代到来后，财务共享服务中心由原来的费用中心、报账中心、结算中心逐渐发展成为数据中心，为企业各项决策提供数据支持。"一秒定律"对大数据的处理速度提出了要求。该定律认为，若不能在秒级时间范围内得出数据分析的结果，就会因时间太长而丧失价值。在市场机遇转瞬即逝的经济环境下，短时间内获取完整、准确的财务信息的能力是企业做出正确经营决策的前提。大数据时代，企业能否科学、高效地利用财务数据，通过数据透视把控财务状况和经营风险，对企业未来的经营发展至关重要。大数据技术可以帮助财务共享服务中心对大量碎片化的数据进行收集、整理、分析、报告等，以满足企业财务决策、经营决策、战略决策等需要，并对传统的盈利分析、绩效分析、预算分析等财务分析工作进行变革，使财务共享服务中心在行使传统财务会计职能的基础上能够充分发挥管理会计职能，帮助企业实现价值创造。

（二）人工智能对传统财务共享服务的冲击

1. 收集、处理与分析数据的自动化

人工智能是一种通过计算机来模拟人类的思维过程和智能行为的技术科学，其具备感知能力、学习能力和行为能力，可以广泛地运用在诸多领域。在财务管理领域，人工智能可以自主选择会计核算要素、自动整理分析数据、自动识别成本费用的合理性等，即自动化处理目前财务共享服务中心的主要工作。

人工智能是一种虚拟的计算机系统，其不受地域限制，各分支机构可以通过采用人工智能的方式来简化其财务人员的工作。人工智能能够自动识别并收集非结构化、半结构化和结构化数据，实时处理和共享财务数据，使企业对信息和数据的分析做出正确的经营决策和预测，从而把握住商机。相较于传统的经营预测方法而言，基于人工智能的财务管理可以全方位地收集相关信息，并多层次、多角度地分析和预测与企业经营相关的数据指标，使财务工作由传统的数据记录转向数据处理分析。随着人工智能技术的发展和应用，财务共享服务将不只局限于简单的数据采集和集中核算工作，还将全面支持企业的战略规划、资源配置、资本运营、税务筹划、风险管控等，最终实现价值创造。

2. 业财融合成为必然趋势

由于传统的财务管理技术和业务模式的局限，使得企业的财务与业务交易分离。财务共享服务中心虽然能对财务工作进行集中化处理，提高了企业的财务处理效率，但本质上并未消除不增值的作业环节，因而不能实现企业价值的最大化。企业财务管理只有实现与业务交易的良好衔接，才能及时、准确地将生产经营中的市场变化、成本费用等信息传递给财务部门，从而充分发挥财务管理的价值分析和控制职能。因此，建立业财融合的财务共享服务平台将成为企业的必然趋势。

企业应充分利用人工智能、互联网、云计算等技术来构建智能财务共享服务平台。企业可以在智能财务共享服务平台的基础上搭建云端企业商城，借助电商平台与上游供应商和下游客户进行协商和沟通，利用电子发票加强经营数据和税务数据之间的联系，实现流程的自动化、交易的透明化和数据的真实化，帮助企业回归以交易管理为核心的运营本质。

（三）移动互联网对传统财务共享服务的冲击

1. 打破共享服务的时间、地域限制

随着移动互联网技术的发展和应用，越来越多的企业利用移动互联网技术来建设和完善自身的财务共享服务中心，使得某些共享服务可以突破时间和地域的限制，从而提高财务共享服务中心的运营效率和服务水平。

一些企业早在 2G 时代就曾尝试通过手机短信、彩信和 WAP 访问等方式实现移动审批，然而受限于当时的网络条件，能够交互的信息量较少，只能进行一些简单的移动审批。随着网络条件的改善和 App 的广泛应用，能通过财务共享服务中心实现移动审批的业务种类日益丰富。企业可以根据自身的业务情况设计研发一款专用 App。只要员工在 App 上提交业务申请，App 就会自动提醒领导及时审批业务申请，这样就可以帮助企业实现随时、随地审批；同时，员工不用为了领导的审批签字而奔波，可以有更多的时间和精力投入企业其他更有价值的活动当中。此外，移动互联网同时结合了移动通信技术和互联网平台的优势，促进了信息的传递和共享，能够帮助企业以较低的成本实现生产、运营、管理的移动化。

2. 运营管理移动化

财务共享服务可以利用移动互联网技术将其运营管理体系设置在移动端。在目标管理方面，可以让员工在移动端随时随地地查阅财务共享服务中心的目标，并开设论坛供管理层和员工讨论交流，帮助员工明确财务共享服务中心需要改善的领域。在绩效管理方面，注重企业目标和员工目标的协同，使企业和员工同步成长。财务共享服务中心负责处理员工的考勤、请假、出差、报工等，并将这些作为绩效考核的部分依据，使员工能通过手机、平板等移动端查看自身的绩效考核结果。在人员管理方面，企业可以通过移动端对员工进行在线培训和在线测评，并且定期了解财务共享服务中心员工的学习情况和知识水平。

在服务管理方面，财务共享外包服务逐渐打开市场。财务共享的外包服务帮助众多的中小型企业建立财务共享服务中心，促进了我国财务共享服务的发展。

3. 费用管理移动化

移动互联网技术的发展为企业财务共享服务中心建立费控系统和商旅系统提供了技术支持，使得报销管理和商旅管理变得移动化、智能化，有效地解决了员工商旅报账难且慢的问题。费用管理移动化将是财务共享服务的未来发展趋势。

目前，市场上存在多种费用报销系统，企业可以选择外购，也可以选择自行构建商旅费用报销系统。企业员工可以将商旅费用报销系统 App 下载在手机等移动端上，用工号登录 App，完善个人信息，根据业务情况设置常用的费用类型、语言、币种等。员工可以在 App 上提前申请机票、酒店等差旅费，并及时上传账单、原始票据等凭证；部门领导可随时随地在 App 上进行商旅管理和审批；财务人员也可根据上传的费用报销凭证等及时入账，实现商旅费用报销即报即得。此外，商旅费用报销系统 App 也能方便企业管理层监控业务费用从发生到最终报销的全过程，提高交易流程和费用报销的可视化、透明化。

（四）云计算对传统财务共享服务的冲击

1. 系统建设"云化"

财务共享服务中心利用移动互联网技术和云计算技术能够为客户提供"5A"服务，即任意客户、任意时问、任意地点、任意财务信息及任意设备。客户即使在不知道财务共享服务中心地点和不清楚财务云业务处理流程的情况下，也可根据需要在移动端发起申请；而财务共享服务中心可以根据申请内容为客户提供所需信息。故而，在"大智移云"背景下，企业的财务共享服务将变得更加"云化"。

财务云是财务共享服务利用大数据技术、人工智能技术、移动互联网技术和云计算技术发展出来的产物。财务云将企业的财务共享服务平台与企业信息系统进行整合，使之成为企业信息系统的组成部分之一，并将各分公司的 ERP 系统和财务共享服务中心迁移至云端，通过云平台共享企业之间的信息。

2. 组织架构"云化"

财务共享服务中心的组织架构随着云计算技术的发展逐渐扩展为云端和客户端两个部分，而且分别包含了不同的层次。

云端的云计算服务器包含了网络服务层、数据管理层、应用支撑层和应用层四个层次。其中，网络服务层向客户提供邮件、网址、认证等服务；数据管理层将数据分为元数据、基础数据、业务数据和决策数据四类，并根据数据类别进行存储；应用支撑层为企业财务共享服务中心的统计分析、网站管理、权限管理等提供支持；应用层主要负责报账管理、集中核算管理、集中支付管理和影响管理。

客户端主要提供给客户使用。客户无需掌握财务共享服务中心的地理位置和运作流程，只需要有笔记本电脑、手机或平板电脑等移动设备便可向财务共享服务中心发送自己的需求；而财务共享服务中心则通过云端服务满足客户的需求。

3. 运作流程"云化"

财务共享服务中心的员工按照"云"的思维，通过信息系统将业务数据传至云端，充分发挥云端的云存储功能，并从待审核的原始凭据中提取会计要素，自动进行审核和生成凭证，进行账务处理并最终输出财务报表。以云计算技术为支撑的财务共享服务有三个主要的运作流程，即云采集、云处理和云产品。

第一，云采集。财务云通过及时采集经济业务发生时的各类数据信息的方式来反映经济业务的实质。财务云通过先进的信息技术将数据信息传至云端；财务共享服务中心的员工将云端上的数据信息以经济业务类型为标准进行分类、提取和审核，并进行流程化、标准化的账务处理；经过处理的数据信息被传至云端存储，方便后续的数据分析和数据挖掘等。

第二，云处理。云处理涉及将企业的业务数据进行筛选、分类、存储及传递的工作。在实务中为了减少人工干预的影响，以确保能准确、完整、及时地处理业务数据，需要科学地设置云处理的工作流程、工作机构、工作环境等。企业可利用云计算技术来进行数据挖掘，利用云存储的空间进行数据存储和备份，并充分利用防火墙、加密技术等手段保护企业的财务业务信息系统，防止企业业务信息、财务信息的不当泄露，保证企业数据信息的安全。

第三，云产品。财务共享服务中心完成云处理后会将输出的云产品传送给客户。云产品既包括单据、会计凭证、简单的会计报表等用于日常核算的简单会计产品，又包括个别财务报表、合并财务报表等用于满足企业经营管理需要和外部监管需要的复杂会计产品，还包括能为客户提供计算财务指标、经营指标并进行数据挖掘、数据分析、动因分析等功能的综合类产品。

第四节　智能财务共享服务中心概述

大数据、人工智能、移动互联网、云计算和物联网等技术的快速发展，促使企业越来越重视数据的采集、应用与分析，并将数据作为企业的核心资产。财务共享服务中心也在积极尝试使用新技术、新方法，更加智能地收集、加工和分析数据，实现财务的数字化转型，推动"财务共享"向"智慧共享"发展。本节主要论述智能财务共享服务中心的核心价值。

一、无人化、定制化趋势明显，颠覆传统集中式财务共享模式

随着 RPA（智能财务机器人）等大量的数字技术、人工智能技术的应用，财务处理工作越来越虚拟化。原来重复性的标准化工作被智能财务机器人取代，财务共享服务中心的"无人化"趋势更加明显。随着外部客户、供应商、政府等协同能力的加强，整个财务生态逐步向外拓展，将财务共享作为内部平台建设的传统方式的弊端逐步显现。财务共享的 SaaS（软件即服务）定制化应用模式已成为必然趋势，异地协同变得越来越容易，财务共享的组织和地点选择也越来越灵活。实体组织与地理位置将不再是决定财务共享服务中心建设的关键因素，原来以集约型组织、集中化处理为特征的财务共享模式将被彻底颠覆。

例如，大唐资本控股有限公司是大唐集团有限公司的二级子公司，只有点多面广、产品及营业方式灵活多样、业财系统繁多复杂、财务人员少且年轻化等特点。对于该公司的国债逆回购业务，企业会计人员在操作中需要多次从银行流水、业务系统、财务共享服务中心系统中核对所需数据，而且各步骤均由人工操作。因此，各个步骤操作后仍需要再复核，重复劳动多、耗时长、效率低、错误率高。通过引入定制的国债逆回购流程套装 RPA（银行流水核对 RPA、填写原始凭证 RPA、逆回购台账生成 RPA），无论是银行流水核对、编制业务台账，还是数据指标计算，都只需要在导入基础数据后点击 RPA 程序运行，3~5 分钟就可以把需要的数据表格准备好，可随时生成台账。

二、促进业财深度融合，帮助财务创造价值

财务只有与业务真正一体化，才能发挥出价值创造的效力。但在实际工作中，企业财务体系往往与业务相脱节，业财融合极少能够成功落地。业财融合需要将企业运营中的三大主要流程，即业务流程、会计核算流程和管理流程进行有机融合，建立基于业务驱动的财务一体化信息处理流程，使财务数据和业务数据融为一体，最大限度地实现数据共享，实时掌控经营状况。然而在传统的企业管理体系下，业务流程、会计核算流程和管理流程各自为战，缺乏一种技术手段将其完全融合起来。智能财务共享服务平台的出现将会改变这一现状。

架构于互联网和云计算的智能财务共享服务平台可以通过连接和数字化改造，实现企业财务与业务的实时连带发生，改变了传统交易方式，改善了报销报账流程，真正实现了业务财务的深度一体化。具体而言，基于智能财务共享服务平台，企业可以搭建云端企业商城，利用电商化平台实现与供应商、客户、现场管控之间的无缝衔接，并借助电子发票加强税务数据与交易的关联，回归以交易管理为核心的企业运营本质，重构传统财务处理流程，实现对员工日常消费以及大宗原材料采购的在线下单、支付。企业统一对账结算，实现交易透明化、流程自动化、数据真实化。

例如，北京元年科技股份有限公司在其智能财务共享服务平台中搭建企业消费商城，商城内不仅有京东、苏宁等标准电商平台，还支持接入企业通过招标确定的材料、服务等私有供应商，以方便员工进行比价。交易发生后，供应商与企业统一结算账款，无需员工垫付。结算时，商城系统内已记账的订单自动生成清单，自动进行订单状态的核对。供应商在系统内核对清单、开具发票，而平台通过与税务平台的数据对接，自动获取发票的全部信息。在这样一个全新的业财一体化的体系中，合同、订单、发票的数据以数字化形式被记录在系统中，全流程的数字化使得账务处理流程均可以由系统自动完成，业务人员把精力完全放在交易的申请、收货上面，消除了烦琐、不增值的报销、报账流程；财务人员实现了账务和税务自动化，可以从烦琐的劳动中解脱出来，集中在业务分析、风险监控识别等有价值的工作上。

企业通过智能财务共享平台，通过连接和数字化改造，重构了传统财务处理流程，建立了高效、透明的供应商和客户信用管理体系，实现了现金流的归集和统筹使用，极大地提升了财务的顶层设计，为企业创造了价值。

三、联通"信息孤岛"，实现智能共享

基于大数据、人工智能技术，企业能够从交易源头实时获取内部各单位和外部供应商、客户等真实、准确、口径一致的财务和业务数据。这些数据通过数据捕获、智能解析、挖掘治理、可视化展现等技术，成为质优价廉、脉络清晰的数据，而利用这些数据，企业可以进行实时的场景化应用，反哺前端业务。随着运营数据的不断积累，财务共享服务中心的海量数据演变为企业的重要资产，满足各级管理者对财务分析、财务预测、决策分析的需要。

例如，招商局集团是中央直接管理的国有重要骨干企业，随着集团业态多元化拓展，各板块业务不断做强、做大，但原有的财务管理体系已不能适应集团的战略要求和高速突变的市场格局。财务共享服务中心深化是突破集团转型瓶颈的重要途径。招商局港口控股有限公司携手金蝶 EAS［电子商品防窃（盗）系统］，通过财务共享服务中心深化，逐步统一会计科目和核算项目近 2380 项，统一财务政策、制度 53 项，统一前端多个业务系统，实现财务管理的前移。通过 EAS 共享平台规范了港口的合同管理、计费规则、应收账款管理、商务管理、操作成本管理、码头操作计费系统，使智能财务共享服务中心成为企业财务、业务一体化管理的重要抓手。

第五节　"大智移云"时代财务共享理论与实务的拓展

一、"大智移云"时代背景简析

（一）"大智移云"时代的概念

"大智移云"时代是指大数据、智能化、移动互联网、云计算、区块链、物联网等新技术交融渗透的时代，是产业互联网的重要技术载体和推动力。"大智移云"不仅改变着人们的生活，也掀起了新一轮的产业变革。同时，"大智移云"使传统的会计、审计、财务管理面临诸多挑战。

"大智移云"是 2013 年 8 月在中国互联网大会上提出来的，其中"智能化"包括物联网和大数据挖掘支撑的用户体验。移动互联网、物联网的结合，又使

大数据的产生与收集成为可能。"大智移云"彼此相互关联，移动互联网和物联网的应用需要云计算支撑，大数据的深入分析和挖掘反过来助推移动互联网和物联网的发展，使软硬件更加智能化。

（二）"大智移云"与财务变革

"大智移云"使我国经济生活各个领域发生了颠覆性变革。财会领域变革的趋势为财务共享—大数据与云计算—全面智能化。财务智能变革是实践推动的结果。现阶段智能财务的主要特征是共享财务，通常称为"共享财务中心"，是在标准化工作的基础上结合智能化的共享，也可以称作"智能财务"。

"推进管理会计广泛应用"引导企业以 XBRL（可扩展商业报告语言）提升内部管理信息标准化，促进财务、业务数据的融合与互联。在竞争加剧的今天，传统企业需要通过管理变革和技术创新，获得持续发展的能力来得以生存。数字化转型的概念代表了革命和机遇，能为企业创造价值。企业可以借助数字化创新，加快内部流程、业务模式等方面的变革。

财务共享服务中心作为一种新的财务管理模式，正在许多跨国公司和国内大型集团公司中兴起和被推广，并以此为基础向大数据、云计算和全面智能化发展。财务共享服务中心是企业集中式管理模式在财务管理上的最新运用，其目的在于通过一种有效的运作模式来解决大型集团公司财务职能建设中的重复投入和效率低下的弊端。财务共享服务模式在欧美研究和应用比较早，福特公司在 20 世纪 80 年代初就提出了全新的管理概念即财务共享，并将其付诸实践。

在财务共享服务中心诞生之初，管理者只看重流程标准化、成本控制、提高工作质量和提升工作效率。如今的财务共享服务中心更多关注于价值的创造。在国家发展战略的推动下，数字经济对实体经济的创新发展的引领作用越来越明显，在"IT 三大定律"的影响下，信息技术呈现出加速发展态势。2013 年，财政部在发布的《企业会计信息化工作规范》中要求："分公司、子公司数量多、分布广的大型企业、企业集团应探索利用信息技术促进会计工作的集中，逐步建立财务共享服务中心。"这一战略性规划的提出，拉开了国内财务共享服务中心建设的大幕，大型国有企业也开始尝试建立财务共享服务中心。目前，智能财务已经成为社会主体核心竞争力的重要组成部分，成为构成社会经济发展的重要因素。

二、财务共享理论与实务的拓展

（一）财务共享理论基础

德尔文认为实施财务共享服务的关键主要在于以下方面：企业使命与客户目标一致、企业知识管理水平不断提高、财务及业务流程标准化以及科学合理的绩效考评等。实施的关键要素在于共享服务使命与客户目标一致，以实现企业战略规划为目标，强化目标的落地执行，实现成本有效控制、效益持续提升；财务及业务流程标准化，流程标准化涉及所有流程环节人员的操作习惯和操作感受，改变管理习惯和操作习惯需要一个长期过程；不断提高知识管理水平，具有前瞻性思维和先进的知识转化能力，构建全面的知识架构体系；建立科学合理的绩效考评机制，促使业务质量、效率不断提升。

（二）财务共享实务发展

近年来，财务共享服务中心建设正呈现快速增长的趋势。在对业务范围的调查中显示，费用报销、应付账款、总账、应收账款、现金结算和财务报告作为排名前六的财务流程被各企业优先纳入财务共享服务中心的业务范围。2017年，ACCA（特许公认会计师公会）与中兴财务云、通用电气公司共同发布的《中国共享服务领域调研报告》显示，在影响运营管理的关键要素方面，高达80%的企业更关注业务处理质量、业务处理时效、服务满意度，关注业务处理成本的占45.1%，而关注企业盈利水平的仅占8.8%，由此可以说明现阶段的财务共享服务中心建设更关注运营质量的提升而不是运营成本。基于业财融合的财务共享服务中心建设实践，将财务管理的规范性融入业务管理各环节，通过业务流程和财务流程的有效对接，推动管控重心前移、业务管理规范，实现以核算促管控、以资金控制成本的目标，为业财融合的财务共享服务中心建设提供了有效路径。国内外财务共享服务模式，在理论上均把"加强管控""创造价值"作为财务共享服务模式应用的发展方向。

财务共享服务中心的业务范围集中于与管理决策相关度较低、发生频繁且易标准化的财务核算流程，包括费用报销、采购到付款、订单到收款、成本核算、固定资产核算、总账到报表等。ACCA与中兴新云、上海财经大学联合开展"中国共享服务领域"调研显示，除了核算流程以外，36%的财务共享服务中心还承担了资金结算、发票管理、纳税申报等财务流程。财务共享服务中心从核算共享逐渐向资金共享、税务共享一体的方向发展。

智能财务发展过程中存在的一些问题值得关注。宏观上缺乏统一的专业指导，各自为战，部分财务共享平台存在财会与业务隔离和信息孤岛，难以实现业财融合，没有很好地解决共享后向管理转型的问题。同时，平台与上下级财会机构的管理职能交叉不清，平台的职能和价值并不能得到有效的发挥。专业化分工和组织设计与流程匹配是共享服务中心在进行内部组织架构设计时应当主要考虑的因素。组织设计是共享服务中心的效率保障，后台智能平台、财务转型基础和总部财务管控方式是共享服务中心的主要定位。大多数共享服务中心都属于公司总部财务部门的下属组织单位，但共享服务中心应当具有一定的独立性，这有利于增加管理灵活性，提高运营效率，实现企业的价值创造。应当保持财务共享服务中心与战略财务和业务财务之间的协作关系，建立有效的沟通合作机制，进一步推动企业财务转型，帮助企业进行有效的经营管理，将数据变为信息和价值，推动企业的发展。

流程再造与优化是共享服务中心的核心能力，是服务效率提升、持续优化的重要保障。

对共享服务中心而言，无论是业务变化、问题导向、绩效要求，还是系统优化，都不可避免地会带来流程再造的需求。信息技术是共享服务中心数字化转型的动力。一方面，共享服务的高效运营需要互联互通的系统平台支持，信息系统的架构、功能以及与业务系统、其他财务系统的集成，是系统规划的重要内容，关系着共享服务中心能否实现流程效率与流程自动化的提升；另一方面，数据的价值得到了共享服务中心的空前关注，从企业经营数据的采集、处理到分析利用，共享服务中心利用财务信息化的创新，更有能力将数据转化成信息、凝结成知识，最后形成企业自身的智慧，这也是财务的价值实现。

运营管理是共享服务中心持续发展的引擎，基于流程管理的重组和优化，共享服务中心得以使共享模式的标准化、规模化、高效化的优势不断突显。

运营管理中最重要的一环就是高素质财会人员，高素质员工是共享服务中心的主要承载者，能够推动共享服务建设与企业员工能力培养相结合，是提高企业人力资源利用效率的重要途径。智能财务的发展涉及我国千万财会人员的转型，是一次由传统财会向管理服务型的转变，高素质的财会人员使得财务共享的作用、地位和价值全面提升，能为集团企业管理和社会经济发展提供高质量服务。

（三）拓展财务共享服务的意义

成熟的财务共享服务中心承担了企业或企业集团内部大多数分（子）公司、分支机构的财务基础业务。成熟运营的财务共享服务中心业务标准化程度高、运营管理体系规范，能够释放更多人力资源从事更高附加值的工作，促进财务转型，推动企业价值提升。大数据正在也必将对研发、设计、制造、供应链、营销、服务等价值链的各个环节进行创新、优化和提升，并重构企业智慧。在未来，大数据将成为提升机构和公司竞争力的有力武器。企业与企业的竞争已经演变为数据的竞争，重视数据资源的收集、挖掘、分享与利用，已成为当务之急。成熟运营的财务共享服务中心，从交易数据采集、财务处理到数据分析，流程自动化程度较高，应用了如商旅系统、供应商协同平台、增值税进项发票管理系统、增值税销项开票系统、合同管理系统、电子报账系统、电子影像系统、电子档案系统、资金管理系统、银企互联等信息系统。信息技术的应用极大地提升了财务共享服务中心的业务效率和服务能力，并推动财务共享服务中心向企业"数据中心"转型。共享服务中心能够成为企业的数据中心，是因为企业在经营过程中的所有信息都会以财务数据的形式呈现。同时，大数据提供的全方位、多视角的信息使企业的财务决策和经营战略更加贴合企业，能够有效提高企业的经营效率。共享服务中心的价值并非主要体现在降低成本上，通过共享的流程化、自动化和集约化优势，还可以将企业财务管理资源释放至更有价值的业务活动中。

成熟运营的共享服务中心，业务标准化程度高，组织内部按照流程、业务模块分工明确，保证了服务质量，有利于最佳实践的推广。

成熟运营的共享服务中心，有完整的运营管理机制，包括绩效管理体系、全面质量管理、流程优化机制等，有利于财务共享服务中心的稳定运营和持续改进。

财务共享服务中心内涵外延价值拓展仍处在探索阶段，从决策支持、风险控制、人才培养三个方面提供增值服务，在加强内部价值链管理的基础上，通过与银行、税务等外部参与者的信息化联通，拓展全价值链管理能力；积极拓展外部市场，推动财务外包服务中心建设，由内向型服务组织向外向型、创效型服务组织转型，为财务共享服务中心价值拓展提供了探索方向。

第六节　创新智慧财务共享发展模式

一、财务共享模式发展概况

随着大数据、云计算、移动互联、物联网、人工智能等新一代信息技术的推广应用，以及互联网快速普及，全球数据呈现爆发增长、海量集聚的特点，这对经济发展、社会治理、国家管理、人民生活都产生了重大影响，世界各国都把推进经济数字化作为实现创新发展的重要动能，在各个环节做了前瞻性布局。我国政府近年来下大力气推动经济转型升级，也强调要以供给侧结构性改革为主线，加快发展数字经济，推动实体经济和数字经济融合发展，尤其是要推动更多的工业企业加速向数字化、网络化、智能化发展；要以数据为纽带促进产学研用深度融合，形成数据驱动型的创新体系和发展模式。财务共享服务模式的应用已成为推动企业管理转型，提升企业财务管理水平，推动企业创新发展的重要途径。

财务共享作为管理会计领域过去 30 年的重要创新，在"新财务"时代也正面临着定位与价值的重塑，并逐渐突出管控这一重要元素。基于中国企业财务共享多年的应用实践和创新发展，管控服务型财务共享应用也开始呈现出五种成熟状态，分别是核算共享、报账共享、标准财务共享、业财一体化财务共享以及大共享。核算和报账共享是财务共享的初级阶段，能够解决财务人员成本大量投入等问题；从标准财务共享模式以后，企业开始成立独立财务共享中心，组织、人员等发生根本性变革；在业财一体化财务共享模式下，财务管理实现了管控前移，降低了财务风险，从而支撑企业精细化管理以及内控落地；而大共享则是将企业内部财务、采购、人力资源等能集中的信息都要进行共享。"新财务"时代，企业要实现可持续发展，建设契合自身的管控服务型财务共享中心将是一项重要工作内容。

目前，国内仍有很多企业认为财务共享就是一般服务型财务共享，历经会计电算化时代、ERP 时代、业财融合时代，如今我们正逐步进入一个万物互联、开放共享的时代，也是"新财务"时代。管控服务型财务共享不再仅仅是报账平台、影像系统、银企直联等，而是要以创新为最大动力，突破业务、财务、税务的职能界限，真正实现"财税共享"。从企业的长远发展角度来看，建设管控服务型财务共享是中国企业财务共享中心建设的必然趋势，它给企业带来的价值也是不可估量的。

财务共享服务模式是以信息技术（业财融合）为依托、以财务业务流程处理为基础，以市场视角为内外部客户提供专业化生产服务的分布式管理模式。信息化建设的重要性在于其建设成效严重影响着财务共享服务中心运营管理目标，其对业务流程和审批流程效率的影响直接作用于企业的整体运行效率，进一步对财务信息质量、风险控制水平等产生极其重要的影响。

集团企业是现代企业的高级组织形式，是指以一个大企业为中心，利用资产、资本、技术和契约等为纽带，将多个具有法人地位的企业联合为有紧密利益关联和共同战略目标的经济组织。近年来，随着中国市场化导向经济的深入，集团企业无论在规模上还是在数量上均迅猛发展。中国集团企业在《财富》世界500强企业中所占的比例越来越大，但管理控制水平比起欧美500强企业，还是存在相当大的差距。国内集团企业管控模式并不成熟，管控力度也相对较弱，因而，集团的整体经营与管理效率更低。根据企业管控类型选择合适的管控服务型财务共享服务模式，对集团管理控制系统优化与发展显得尤为重要。

如今，国内众多大型集团企业已经在不同层面建立了财务共享中心，尤其在建筑、金融及制造等行业中已实施共享中心的企业集团占比极高。纵观中国企业财务共享的多年实践，财务共享在企业的应用模式与企业管理实际状况、信息化应用情况有密切关系，并不是一味地建立独立的服务型财务共享中心，而是一个循序渐进与持续优化的过程。在业内人士看来，技术本身是不断迭代的，用户的需求也在随着新时代的出现而不断地改变，财务共享也不例外。

对财务共享的不断诠释和定义，是集团企业财务领域的不断创新和与时俱进的表现。如今，以管控服务型财务共享为核心的新财务，在财务职能上与以往相比有五大转变：第一，从注重结果到注重过程；第二，从管控型到管控服务型；第三，从格式报告到智能决策；第四，从业务监督到战略指导；第五，从守护价值到创造价值。换句话说，财务管理进入了新的历史时代，财务共享服务的实施使得集团企业的战略和财务、业务与财务相融合，为集团企业提供了更为相关的、实时共享的精细化信息，从而为企业财务转型及可持续地创造价值奠定了良好的基础。

二、财务共享与智能化

管控服务创新型财务共享是创新技术和信息系统的融合体。在共享服务诞生之初，信息系统还未展现出巨大的协作功能，但如今，信息系统已成为共享服务不可或缺的组成部分，并在共享服务中发挥着重要的支撑作用。

在财务共享中心作为独立的实体运行后，需要一套完整的信息系统为其提供支撑和保障。很多公司在成立财务共享中心后都陆续建立了自己的信息系统，并将一些成熟的系统付诸实施和应用。据埃森哲的一项调查显示，在财务共享服务中应用最为广泛的技术包括工作流技术、ERP、文档影像、数据分析和报告工具、数据仓库、员工自助报销、电子报销、电子支付、客户关系管理、电子账单等。这些信息化技术的应用极大地改善了共享服务中心的工作效率和质量，为企业管理提供了便利。

推进财务共享模式的创新和应用，首先需要持续优化完善信息系统，深入推进信息化应用，提升企业信息化建设和应用水平。遵照建设"实用、好用、管用"的信息系统原则基本理念，积极收集和解决在信息系统应用过程中产生的问题，不断完善企业内部业务系统的性能、功能和模式的设计，加大业务系统的推广力度，扩大业务系统的应用和适用范围，加强业务系统与企业实务相结合，提升企业信息传递和使用效率，切实提高企业的总体业务质量和水平。

三、财务共享与业务创新

业务流程优化创新改革属于业务层面的顶层设计，是财务共享应用中信息化建设的基础，事关未来信息化建设的成败。企业应建立科学合理的流程管理机制，进一步明确流程管理的组织、人员、流程，通过客服反馈机制、现场调研、座谈会、在线问卷调查等形式，及时掌握业务规则与管理实际的差异，尽快协调管理层根据制度对规则的合理性做出判定，并及时对相关制度进行修订完善，确立与企业管理水平相适应的分级授权，防止因集权与分权的矛盾导致业务的效率降低或停滞，从内部控制的角度出发进行全面梳理和优化，提升企业流程管理水平。同时，应制订清晰合理的业务规则，将业务流程与规则有机结合，保证业务流程稳步、高效推行。

管控服务创新型财务共享中心的流程规划战略需要专注于财务共享中心的战略定位。由于管控服务创新型财务共享中心的特性，在建立之初就已经对战略进行了明确的定位。财务共享中心的流程设计需与共享中心战略始终保持一致，以共享中心战略为流程设计规划战略，以共享中心目标为流程目标，以流程的最优化效率为核心，来指导流程设计工作。

流程设计应坚持"考虑同质性，兼顾特殊性"的原则，既能满足相同业务流程的流转，又能使特殊业务被纳入共享中心集中处理。例如，某建筑施工企业的核心业务是工程施工，但除核心业务之外还有房地产开发、设备租赁、物业管理等业务。针对各个板块的业务内容及标准差异较大的情况，应按业务板块管理设置不同的流程。流程设计时需考虑的因素主要有流程成本、流程效率、流程风险、流程客户满意度、流程责任人等方面。为保证财务共享中心未来流程的高效、稳定、规范运转，管控服务创新型财务共享中心的流程设计工作应尽可能地深入流程的最小单位，从全业务场景出发，为最低层级的子流程结合企业的实际发展需要进行明细设计创新。

财务会计业务需要进行标准化的内容有很多。例如，会计核算方法统一、会计科目核算口径统一、财务报表口径统一及数据标准化、操作规范标准化和岗位职能标准化等。各单位的业务处理存在差异，通过管控服务创新型财务共享中心统一业务处理标准，财务会计业务处理标准化将提高财务信息质量和处理效率，并真实反映实际业务的经营情况。在初步建立财务共享的框架和运营模式后，应当不断提升共享中心的管理水平，实现共享中心发展与企业管理提升的良性共振。通过共享中心的发展，持续推进管理的标准化和规范化，实现共享中心发展与企业管理提升和谐相生。

业务流程通过对组织人员的工作步骤进行描述，以流程视角，规范工作步骤，标准工作接口。流程的标准化和科学化是财务共享中心得以高效运作的基础，也是实现信息化的前提。同时，业务流程是制度管理、标准化管理等运营管理制度的根基，它一方面影响着运营管理的实施，另一方面又被运营管理手段所支撑，使得流程可以在管理监控下，保证流程的时效、质量和成本目标。推动企业在业务流程标准化层面的创新，有利于提高企业的运营效率，实现共享中心发展与企业管理的共司提升。

四、财务共享与体制创新

集团公司财务共享服务中心的体制和业务规则应当是以法律法规和企业规章制度为依据，从有利于理解和执行的角度梳理后进行条目化处理形成的。业务规则首先肯定是合法合规的，对于部分特殊业务因为外部环境和自身管理的因素难以落地，不应一刀切地弱化，而是应该逐条分析，对自身管理的因素，应正面解决，维持刚性；对外部环境因素，无法改变的，可按规定的流程，在受控的前提下变通解决。在建设运营过程中反复梳理、审视业务规则，细化规则设置，缩减所有规则项的模糊空间和执行自由度。

在细化业务规则的同时，应当固化稽核标准，通过固化稽核任务清单的方式明确业务处理标准，并辅以日常业务培训、组长质量抽检、线上业务监察等手段监控稽核质量，建立有效的绩效管理评价机制，加大缺陷业务扣分处罚力度，并纳入员工绩效考核，促使稽核质量逐步提升。

五、财务共享与人才转型

组织与人员的构成和运作多依赖于其他模块。战略定位决定了组织人员的设计依据；业务流程明确了组织人员应如何设计和配备；信息系统平台又为组织目标提供了强有力的支撑和保障；运营管理则肩负着对组织人员绩效、发展、培训的管理责任，使得组织人员始终处于优化提升的过程之中。组织设计不是一张简单的组织结构图，而是围绕其核心业务建立起来的强有力的组织管理体系，所以应降低组织管理成本，增强组织应对环境变化的灵活性，从而达到提高组织运作效率的目的。管控服务创新型财务共享中心有别于传统的业务部门组织，是一个专业的管控服务提供部门。比起传统组织，管控服务创新型财务共享中心更强调标准化的流程、专业技能与服务的提供。

财务共享中心需要配备优质的会计人员队伍，以保障财务共享中心的顺利运作。会计人员需要专业知识过硬、熟知政策和流程、具备较强的沟通协作能力，还要有较强的责任心才能胜任；应培养人才分析数据，依托财务共享平台逐渐积累企业大数据资料，积极拓展数据分析、决策支持领域的增值服务项目；依托共享中心衍生的"知识中心"选择高素质人才建立培训团队，积极拓展对内、对外培训业务，开展各类财务专业培训，通过"请进来，走出去"的方式，畅通人才交流渠道，打造人才培养与交流中心；争取"产研"合作项目，与专业院校携手建立人才培养基地、大学生实习基地等；积极开发外部市场，承揽外包服务项目，输出共享价值；充分考虑员工在财务共享应用中的重要作用，在培养建设内部师资力量，向员工推广财务共享模式和理念的同时，应当从员工的切身利益出发，充分考虑员工职业发展等问题，从而提升企业内部人力资源的利用效率，培养熟悉企业业务流程并掌握财务共享模式应用的高级人才，提升企业员工的综合能力。

财务共享中心成立初期，人员来源主要包括两部分，即内部抽调和社会招聘。内部抽调可以从被纳入财务共享中心的单位现有财务人员进行抽调，此部分人员对于公司原有业务流程比较熟悉，可以更快地成长为财务共享中心的业务骨干。社会招聘可以考虑招聘有过财务共享中心工作经验的财务人员，可以借助此部分人原有的财务共享中心工作经验，更快、更稳定地度过共享中心成立之初的过渡期。在管控服务创新型财务共享中心模式下，对财务人员的要求不再像从前那样严格，每位财务共享人员只需完成整个业务处理中的一个或某几个环节，如同工业化的流水线，降低了对流水线上每个员工的要求，即使是刚毕业的大学生也能胜任。在大量节省人力资源及人力成本的同时，保证了操作的准确性和可靠性，并且玥确了个人责任，有助于员工的绩效考核。

（一）财务新时代的人才转型

近年来，随着"互联网＋"的发展和企业数字化转型，大部分企业已经彻底摆脱了传统、烦琐的手工记账方式，逐渐走进了信息化发展殿堂。ERP系统的全面推广使财务系统与采购、销售、人力资源等系统进行了很好地融合与集成，彻底打破了企业内部的信息壁垒，形成了一个共享数据平台。在大数据时代，财务信息焕发出了勃勃生机，使很多财务信息的收集、处理、分析不再是难题。企业财务信息系统实现集中统一的财务管理平台建设，规范实现企业财务核算一体化管理，在企业的投资决策、全面预算、内部控制、业绩评价等方面发挥着巨大作用。与此同时，云计算、互联网、大数据、数据挖掘等的广泛使用对财务工作、财务行业有着极为深刻的影响。

在新财务时代，财务人员对数据的收集、存储是较为简单的一步，而真正掌握分析数据、挖掘数据信息、探寻数据信息中所蕴含的商业价值才是重要工作。在大数据时代发展的全面推动下，企业对财务人员的要求不断提升，财务人员不仅要掌握相关的财务管理专业知识，而且必须在了解企业的战略发展规划后帮助企业做好决策工作，从而实现企业利润的增长。随着大数据时代的到来和企业财务转型，企业对新时代财务人才的要求也进一步提高。

新财务时代的到来对企业财务人员的数据分析能力提出了较高的要求。它要求企业财务人员从战略视角去优化、分析大数据带来的意义。计算机的普及应用在很大程度上解放了财务人员的双手，并代替财务人员完成了数据分析的大部分工作。企业财务部门已经从简单的结构化数据分析转化为大量非结构化数据分析。这些数据分析能有效地帮助企业在经营决策、市场竞争、供应链管理、风险规避中提供依据。

新财务时代的最大特点就是数据海量。要求企业财务人员必须具备实时数据分析的能力，能够使企业在短时间内了解行业变化趋势，比竞争对手更了解市场，进而占领市场。新财务时代给企业发展带来的变化就是随时随刻的数据都是新的、变化的。企业将这些非结构化的信息进行收集，帮助企业做出在传统会计形势下无法做出的决策。

管控服务型财务共享中心的建立为财务转型奠定了基础，使得企业的业务、财务之间的界限逐渐弱化。业财一体化让财务部门逐渐演变成大数据处理部门，信息系统建设的完善和人工智能的迅速发展，使得一些基层会计人员逐渐被取代。企业要建设财务共享中心，不仅需要 ERP 系统的逐步完善，而且对财务人员的要求也不断提高。财务共享服务对于企业尤其是集团企业的财务管理是大势所趋，广大财务从业者需要不断长远规划。同时，财务共享中心建设并非一成不变的，而是一个持续优化的进程。会计政策也在不断与国际通用会计准则接轨。实时掌握新财务共享信息以及会计政策的更新，将会成为财务日常工作的基本要求。

随着财务共享本身的作业与智能化的结合越发紧密，共享中心将从一个人力密集型组织转变为技术密集型组织。随着规则的不断梳理与完善，并在信息系统中形成可执行的规则，财务共享中心的作业人员将可被替换，并最终趋于人力的削减。从管理者角度来说，这对整个组织是有益的，但也会对财务共享中心现存员工的转型形成极大挑战。部分能力较高的员工将转至规则梳理的相关岗位，而大量的员工可能因为智能化而离开工作岗位。财务人员只有适应时代发展，加速转型，才有可能避免在新财务时代被淘汰。

随着大数据时代的到来，企业管理会计逐渐彰显出其重要性。在大数据时代，企业的财务人员应积极调整思路，逐渐向管理会计的方向转型。随着市场经济的不断发展与完善，在微利时代，成本的高低将成为企业获利的关键性因素。在大数据时代，专业的成本分析与控制人员不仅要具备丰富的、扎实的财务专业知识，而且必须对企业的各项生产工艺流程、生产环节、企业的内控流程等进行了解与高度关注，并在成本控制系统的帮助下，充分挖掘相关成本数据，对成本数据进行合理的分配、归集、构成分析等，从而为企业成本的有效控制奠定基础，为企业的决策提供帮助。

现代企业采用的基本都是事后管理，越来越多的企业采用 ERP 系统对企业数据进行整合，通过对数据穿透查询，结合企业的预测目标，将企业事后管理逐步变成事前控制。用信息化手段进行事前控制、预测等对企业管理十分重要。在大数据时代，预算作为财务管理的核心，要求企业实现全员参与预算，财务人员需要站在企业战略规划的高度，对企业的战略规划目标进行层层分解，直至最后的预算分析报告的编制、预算绩效考核，以及预算对未来目标与战略的影响与规划，使预算真正发挥其作用。大数据时代需要企业的财务人员向全面预算人员转型。

企业的财务人员必须具备专业的分析技能，能够从海量的数据中挖掘出对企业有价值的信息；同时，可以在数据分析的过程中更加全面地了解企业的发展现状与存在的问题，及时对企业的财务状况、经营成果进行评价。为改善企业的经营管理效率提供更有价值的分析。大数据时代的企业财务人员应积极向专业的财务分析人员转型。

风险管理主要是企业从战略制订到日常经营过程中对待风险的一系列信念与态度，目的是确定可能影响企业的潜在事项，并对其进行管理，为实现企业的目标提供合理的保证。实践证明，内部控制的有效实施有赖于风险管理，战略型财务人员需将企业的风险控制在可接受的范围内，来促进企业的可持续发展。在大数据时代，企业的财务人员应向风险管理人员转型。

大数据、大共享理念的延伸与拓展促使财务共享的产生，并在未来成为主要的工作环境，并借此形成数据中心，为未来的决策与发展奠定基础。财务共享中心的人员是财务人员在大数据时代转型的另一个方向。在财务共享中心中，有设计好的专业的标准与流程。例如，应收应付款项、费用报销、明细账的管理、总账及各种财务报销、资金的管理、税务的合理筹划等。这一职能对财务人员的要求并不高，只要具有一定的财务基础知识、英语基础知识、计算机基础知识，并经过一定的培训即可转型上岗。这对于那些处于初级阶段的财务人员是一个较好的工作选择。他们在经过一段时间的熟悉以后，可以向更高级的技术型财务人员、战略型财务人员转型。

（二）财务共享服务人才培养

财务共享中心所需人才呈现规模大、专业性强等特点，导致其已经成为各企业发展财务共享中心的一大障碍。财务共享的发展推动了人才转型，所以对于财务共享中心的人才培养、支持方面的探索显得尤为重要。

虽然中国高校培养了大批会计人员，但很难满足社会对专业型和管理型多层次会计人才的大量需求。人才培养策略的实施主要集中于基层适用型人才，这是构建行业人才结构基础的主要方式。对共享中心、财务服务外包等智力密集型服务业来说，培养人才更是至关重要。新型产业需要新型人才，新型人才培养需要创新性的理念和方式。地方政府可以采用给园区企业培训补贴等措施来支持企业的员工培训，也可以通过与企业或者第三方机构合作来培养人才。

无论是社会培训还是高校专业培训，财务共享人才培养体系的建立是关键。根据《会计行业中长期人才发展规划（2010—2020年）》中对财会人才的要求以及在"互联网+"时代背景下的财务人员转型趋势，财务人员的职能发生了变化，工作重心由核算向管理—业务财务—财务管理决策转变，同时财务工作职能也面临着像工业4.0一样的发展进程。出现财务领域的4.0，是社会经济发展的必然趋势。"财务共享服务"课程的设计开发将与时俱进，人才培养定位从核算型转向管理型，以实现工作体系到课程化、职业能力标准到课程标准的转变，以就业为导向，培养学生良好的职业道德和素养，使学生具有熟练的职业技能和可持续发展的能力。高校是培养管理人才的重要阵地，在新时期大力推广管理会计、推进财务共享服务的情况下，需要进一步优化学校的管理会计人才培养方式。

财务共享服务是一个不断发展和持续优化的过程。未来的发展趋势包括财务共享服务的智能化、财务共享服务中心建设的智能化、财务共享服务的一体化，以及财务共享中心的全球化等。在这些新形势下，企业对财务人才的知识和能力要求也发生了改变，需要建设财务共享课程体系，培养新型会计人才。总之，财务共享培养体系的建设任重而道远。对于财务共享培养体系的建设，要本着求真务实、与时俱进的原则，依托"互联网+"的时代背景，将知识的传授转化为学生综合能力的培养，并贯穿在课堂教学中，为培养符合社会所需的会计人才做出应有的贡献。

六、财务共享与应用创新

（一）财务共享服务的智能化——财务机器人

新一代 IT 技术推动了企业变革与创新，财务转型是企业管理变革的重中之重。一方面，"互联网＋"改变了企业组织形态，进而激发了其对管理会计的新需求；共享与财务相结合会激发出更贴近时代发展趋势的创新型财务管理模式；在新技术推动作用下，财务共享智能化势不可当。另一方面，推动管理会计创新发展和大数据落地，互联、共享、智能的财务共享模式必定能够反过来促进企业财务转型。随着财务共享服务的不断发展与完善，财务共享中心的服务流程将从当前仅支持标准化、规范化工作，主要服务客户共性需求的"刚性"流程，逐步向支持灵活性、可扩展性工作，可以服务客户个性需求的"柔性"流程方向发展。此外，随着机器人流程自动化技术的逐渐成熟，共享流程的处理会加速企业向自动化方向发展。在可预计的未来，财务共享中心的常规工作岗位将由财务机器人程序代替，财务共享中心终会演变成财务自动化工厂。柔性化和自动化的方向并不一致，柔性化的需求将会增加自动化的难度。自动化的实现与人工智能密不可分。作为一门新的计算机技术科学，人工智能是基于大数据、模拟、延伸和拓展人类智能所做出的理性判断。人工智能是基于大量重复数据，并记载了以前的数据，从而发挥记忆和延伸功能的一种计算机技术科学。人工智能技术对财务共享中心最为重要的改变就在于推动财务共享建设流程的自动化。财务共享中心具备高度标准化和业务量大的特征，而智能化的财务共享服务处理平台可以搭建云端企业商城，利用电商化平台实现企业与供应商、客户之间的无缝连接，并借助发票电子化打通税务数据与交易的关联，回归以交易管理为核心的企业运营本质，重构传统财务处理流程，实现对员工日常消费、差旅服务以及大宗原材料、低值易耗品采购的在线下单、支付，企业统一对账结算，最终实现业务透明化、流程自动化、数据真实化。

目前，四大国际会计师事务所均已推出了自己的财务机器人，浪潮的财务机器人 Sara 也已上线，这意味着财务共享的智能化趋势已经开始落地。目前所推出的财务机器人是能够部署在服务器或计算机上的应用程序，它的主要功能包括替代财务流程中的手工操作；管理和监控各自动化财务流程；录入信息，合并数据并汇总统计；根据既定的业务逻辑进行判断；识别财务流程中的优化点；专票管理和纳税申报、往来结转和盘点、开票等。财务机器人能够集中解决财务流程中高度重复的手工操作耗费大量人力和时间的问题；解决跨岗位的实务操作需要协同处理，沟通成本高且效率低下的问题；手工处理较高出错率和获取数据准确性低的问题；提高财务处理效率，解决财务流程受困于时间和人力，某些合规和审计工作抽样无法达到 100% 覆盖的问题。此外，使用机器人操作在成本以及工作效率上都存在显著优势。一些智能记账系统也渐渐出现，借助实际成本、标准成本和业务预算等系统，建立起生产、库存、采购等各环节成本预测、控制、核算、分析与考核的全过程管理体系，能准确地统计分析并披露成本信息，便于管理人员控制作业，考评绩效，实现成本管理的事前计划、事中控制、事后分析。如今，智能记账系统的成本管理解决方案涵盖了成功开展企业成本管理活动所需的主要业务处理功能。

财务机器人、智能记账系统、AI 技术的应用，不仅实现了流程自动化，也越来越能够满足客户的个性需求，其兼备"柔性化"，这意味着人工智能将在财务共享中心建设中扮演越来越重要的角色。

（二）财务共享中心建设的虚拟化

为了解决专业性和融合性的矛盾，财务共享中心的平台必须将自己的信息系统演变成企业整体信息系统的有机组成部分，必须和企业外部的环境系统进行有机集成。有效的解决方式是，将 FSSC 信息系统和各分（子）公司的 ERP 系统整体迁移到云平台上，借助于云平台来交换业务、财务信息，以及内部和外部的信息。

财务共享服务具备规模化效应，更多地体现在端对端作业方式的变化。例如，员工可以完全实现自助报销，财务部门在基层业务中不再承担任何职责，而由财务共享中心来完成。但由于企业业务领域的拓展、组织结构的变化、战略目标的转变，财务共享中心建设引发的流程管理不可能一次完成，而是一个持续性的优化过程。这就需要在财务共享中心内部建立不断进行自我优化的机制，从而实现作业流程的持续评估、改进和提升，以满足公司成本、战略、合规上的要求，避免由于流程等相关内容不能适应变化而使财务共享服务质量下降。持续改进也对财务共享中心尤其是管理者团队提出了较高的要求，管理者不但需要具有改进变革流程的技能技巧，更重要的是要有持续改进的意识、敏锐的洞察力及坚定的信念去推进改革。财务共享中心需要为此配置合适的管理团队去不断推进持续的改进工作。财务流程的持续优化是无法与企业的业务流程完全分割开来的。我们会或多或少地涉及业务的流程，其实这也正是财务共享中心达到集团管控目的的重要手段。无论是会计核算作业的集中，还是资金结算的集中，以及财务信息的集中，都促使企业的业务流程、业务系统实现集中化管理。这就使原本分散的业务风险处于更加集中、可控的状态。

财务共享服务也需要走向一体化和融合化。服务的一体化和融合化是指多种共享中心（财务共享中心、人力资源共享中心、法律服务共享中心、信息技术共享中心、客户服务共享中心等）的集成和融合。随着共享中心发展的深入，一方面，财务共享中心与其他共享中心从多共享中心演变成单个综合中心的趋势越来越明显；另一方面，财务共享中心的服务内容除传统的交易性流程工作（如应收、应付、资产、费用报销、现金、总账管理等）之外，正在延伸到更多的高价值流程工作（如计划分析、全面预算、税收筹划、资金运作、风险管理、公司治理、投融资管理等），而这些高价值流程工作需要与管理会计和业务更多的融合。同时，将财务共享的设计理念应用于管理会计的领域，对管理会计中的操作流程进行进一步再造，成立企业的财务管理中心。管理会计当中有一部分资源配置以及数据分析的工作，包括预算的编制、执行、监控以及财务数据的整合与分析，完全可以依赖信息系统进行集中化操作。只要标准设定清晰，这些工作就可以在统一的系统平台上得以实现，即便不能够完全系统化，也可以进行集中操作。如此，基层的财务服务工作会更加便捷。

由于企业业务领域的拓展、组织结构的变化、战略目标的转变，流程管理不可能一次完成，而是一个持续性过程。财务共享中心业务流程的持续改进同样可以通过细节改进、流程再造的方式实施。但无论通过何种方式落实，财务共享中心的持续流程改进目标都不能脱离企业整体对于公司战略、成本、效率或者合规性方面的要求。管理者要具备持续改进的意识、敏锐的洞察力和坚定的信念去推进一项项改革。

随着财务共享模式的不断成熟，业务和财务的进一步融合，其实也正是财务共享中心达到集团管控目的的重要手段。这就使原本分散的风险处于集中、可控的状态。由此，会带来企业一系列业务流程的改变。

（三）财务共享中心全球化

建立一个区域的共享中心还是全球的共享中心，取决于企业的发展战略和企业是否是跨国企业。如果企业仅在国内地区发展，区域共享中心就足以满足企业的要求，不需要更大范围的共享服务中心。而大型跨国集团企业则需要建立一个全球统一的财务共享中心，以解决其全球的会计业务；或者在美洲、欧洲、亚洲等地分别建立洲际财务共享中心，让更多员工享受到共享服务的便捷。目前，大多数公司的财务共享中心还是区域型的。随着国家经济实力的提升，中国涌现出越来越多的全球化企业，这意味着更多全球化的共享服务中心将会出现。只有世界级的企业，才能产生世界级的管理理念和管理系统。具体来讲，为了更好地实现规模化经济效应，随着国内财务共享中心管理经验的积累，对系统、流程的规范和改进，以及业务容量的增加，会有更多的集团总部计划将所有子公司或合资公司全部纳入财务共享中心的业务范围，共享全面的财务服务，实现真正意义上的全球财务共享中心。这个计划和趋势对财务共享中心的运作和管理能力也提出了更高的要求。

（四）支撑数字化转型的强大"中台"兴起

华为创始人任正非认为，未来的战争是"班长战争"，公司不能只有一个庞大的机关，一定要把权力授权下去。浪潮集团董事长孙丕恕认为，班组是企业组织生产经营活动的最小单元，工作要层层落实到班组，打通人员管理的最小单元，赢下班长的战争。小而美、唯快不破的阿米巴组织模式需要强大的中台支撑。中台本质是解决共享和配速问题，是抽象的可被复用的服务，支撑快速应变。我们必须全面融合中台理念，关注平台的变化。智能化时代以来，平台已由原来的"流程驱动"转成"数字驱动"，数字创造价值。

七、智能财务的指标

（一）智能财务的应用指标

智能财务的应用指标应包括电子商务、供应链管理、财务信息化等几个方面的评价指标。其中，电子商务方面的评价指标包括电子采购占总采购额的百分比、电子销售占总销售额的百分比、电子结算占总结算额的百分比等；供应链管理方面的评价指标包括是否实施了 SCM（供应链管理）、CRM（全流程智能管理）和 ERP，以及覆盖的产品、材料等物料比率等；财务信息化方面的评价指标包括是否实现了会计核算的全部电算化，是否实现了财务和成本的分析与控制，是否实现了决策支持的电算化，是否实现了基于 XBRL 的智能财务报告等。

（二）智能财务的绩效指标

智能财务的绩效指标应包括管理创新、市场竞争和经济效益等几个方面的评价指标。其中，管理创新方面的评价指标包括是否实现了资金的集中管理、是否实现了会计的集中核算、是否实现了财务报账的网上审批等；市场竞争力方面的评价指标包括订单处理时间的提高比率、按时交货率的提高比率、市场占有率的提高比率等；经济效益方面的评价指标包括销售收入增长率、利润增长率、资金周转率的提高比率等。

八、智能财务实施后的评价方法

对于智能财务实施后的评价，虽然其核心要素是智能财务实施后的评价内容和评价指标，但是简便、适用和有效的评价方法不仅可以发现智能财务的实施效果和实施差距，更为重要的是可以提高智能财务实施后评价的综合性、有效性和准确性。参考企业信息化和项目后评估的相关方法，智能财务实施后的常用评价方法包括以下几个。

（一）前后对比法

智能财务项目实施的前后对比法是指将项目实施之前与项目完成之后的情况加以对比，以确定智能财务项目的实施效果和实施差距的一种方法。要应用前后对比法，一个关键的问题就是进行必要的事项分析，同时必须有完备的历史记录，并赋予各个事项分值权重。

（二）有无对比法

有无对比法是指将智能财务项目实际发生的情况与若无智能财务项目时很可能发生的情况进行对比，以度量智能财务项目的真实效益、影响和作用。与前后对比法类似，要应用有无对比法，一个关键的问题是进行必要的事项分析，同时必须要有实施前的具体要求，并赋予各个事项分值权重。

（三）综合评分法

综合评分法就是指赋予每一类及每一项评价指标一个标准分值或分值范围，并赋予其得分的权重比例，再根据实际得分与标准分值或分值范围的比例关系确定每一类及每一项指标的得分，最后根据权重比例计算最终得分，并加以汇总后得到综合得分，从而对智能财务的实施情况做总体判断。

（四）模糊综合评价法

由于在智能财务的评价指标体系中存在许多难以精确描述的指标，为此还可以采用模糊综合评价法对企业智能财务的实施进行综合评价。由于前述指标体系中每一要素的影响程度不一样，故可根据给出的评价指标，首先用层次分析法确定其权重，然后对每一评价指标由专家确定评判等级，最后计算其综合得分。

第六章 智能财务共享的信息化支撑

第一节 财务共享系统总体框架

管控服务型财务共享中心是一个建立在 ERP 系统基础上的业务、财务的数据存储及信息处理中心。企业通过 ERP 将其分布在各个单元的零散的财务及业务数据搜集整合在共享中心，并进行标准化和规范化处理，从而达到提高业务处理效率、低流程重复率的效果，帮助企业精简业务。同时，企业根据共享中心存储的数据及标准化流程，不仅能够加强对下属运营单元的管控，还可以进一步延伸业务，降低运营成本，实现业财一体化，提升业务处理的能力及效率，为企业经营管理及管理决策提供更好的服务。

所谓的业财一体化，是指管控服务型财务共享中心利用其信息化平台，连接了包括项目管理、人力资源、供应链、OA、资产管理、成本管理等系统在内的业务系统，通过制订标准化规则，将业务数据推送到共享中心统一入口。其中，业务部门审批、控制在业务系统中完成；财务审批、支付、收款等在财务共享中心完成。这样做可以减少重复的信息录入，保证工作留痕，增加系统的控制点。通过业务流程和权限管理，每种业务数据被推送到对应业务组处理，并统一形成总账凭证、收支结果、对外披露报表等。

一、管控服务型财务共享信息化框架

相较于以费控为主的一般财务共享信息系统，管控服务型财务共享的 ERP 系统更加强调业财一体化。其工作流程不再是以报账为起点，而是以业务为驱动，将管控前移，即先有业务后有财务。业务数据被推送生成报账单，为财务数据来源提供依据，方便追溯联查，强调横向的一体化管控，其信息化更加注重与业务系统集成,在原有集团财务及 ERP 系统基础上,建立共享平台与业务系统的横向连接,包括由业务系统发起报账流程及从报账系统追溯业务单据,提供全价值链的财务管理服务。

总的来说,业财一体化的运作模式如下:企业通过对制度、流程的梳理,规范了从业务到财务,包括业务中心、成本中心、资金中心、税务中心、财务共享中心在内的标准化的业务作业流程。企业依据真实业务数据反映其实际经营情况,达到业务与财务的高效协同。且业务与财务数出一门,有助于业务部门与财务部门明确权责,规范业务过程,规避运营风险,真正做到在一个平台上实现业财融合。

除了 ERP 系统之外,管控服务型财务共享中心信息系统的建设还有赖于五大平台的运作与实施,即网上报账平台、业务操作平台、运营管理平台、运营支撑平台、资金结算平台。五大平台与企业内部 ERP 系统完美结合,帮助企业构建完整的管控服务型财务共享信息系统的整体框架,有助于企业精简运营和管理,真正实现财务业务的信息化落地。

在五大平台中,运营支撑平台主要对财务共享中心的业务开展和运营进行基础信息管理,包括共享中心的定义、作业规则管理及共享中心服务参数定义等;运营管理平台包括作业管理、质量管理、绩效管理,实现按业务类别自动分配任务,支持对作业任务的质量管理、绩效管理及对员工和组织运营 KPI 指标实时分析的绩效看板等;业务操作平台实现工作池分配任务、业务单据及凭证的审核审批、资金支付、实物及电子档案管理等;网上报账平台将企业报账支付数据完全电子化,利用信息技术再现原始业务活动,为每笔支出提供单独的审计线索;资金结算平台通过参数配置满足不同企业由于共享中心和资金中心的组织定位及分工差异形成的多种共享模式下的结算场景,实现报账、结算、线上支付的一体化管理。利用网上报账、业务操作及资金结算三大平台系统,实现完整地从费用申请到生成凭证,再到结算完成的全过程管理。

通过这套完整的信息系统总体框架,企业能够建设信息化的管控型财务共享中心,从而提升企业财务业务的处理效率及质量,改变原有的财务职能定位,创新财务管理模式,充分发挥财务共享服务对基础财务核算业务的监控和指导作用,提升企业财务业务管理水平。

二、ERP 是管控服务型财务共享的重要支撑

ERP 系统建立在信息技术的基础上，集信息技术与先进管理思想于一体，是建设管控服务型财务共享中心的核心手段。企业 ERP 是以系统化的管理思想为出发点，为企业员工及管理层提供决策手段的管理平台，它实现了企业内部资源和企业相关外部资源的整合，通过软件和平台把企业的人、财、物、产、供、销及相应的物流、信息流、资金流等紧密地集成起来，实现资源优化和共享。管控服务型财务共享中心的 ERP 系统跳出了传统企业边界，从供应链范围去优化企业的资源，优化了现代企业的运行模式，反映了市场对企业合理调配资源的要求，对改善企业业务流程、提高企业核心竞争力具有显著作用。

现阶段企业的 ERP 系统由许多模块构成，其中主要包括财务会计、资金管理、全面预算、供应链、生产制造等多个方面。

（一）财务核算

总账处理适应于各行业的企业、行政事业单位的业务处理，可满足大中型企业深化内部管理的需要，完成复杂的财务核算及管理功能，主要包括初始建账、凭证处理、出纳管理、账表查询、正式账簿、月末处理功能等。

（二）资金管理

资金管理主要包括基础数据、账户管理、内部网银、资金结算、内外借贷、票据管理等，可以将资金集中管控思想有机融合在各个业务处理的流程和环节中，实现对整个集团多方面的管理。

（三）供应链

供应链管理是计划、组织和控制从最初原材料到最终产品及其消费的整个业务流程，这些流程连接了从供应商到顾客的所有企业。以浪潮 GS 为例，其供应链管理系统正是基于"客户导向、协同集中"的核心理念，为企业提供一个基于网络的稳定、开放、先进的供应链管理平台。

（四）生产制造

生产制造管理为企业提供全面的生产计划、细致有序的车间管理和快捷简便的成本核算系统，帮助企业理顺生产管理，解除后顾之忧。

虽然 ERP 系统包含多个子系统和模块，但财务系统处于中心地位。财务系统模块与 ERP 系统的其他模块搭建有相应的接口，将专业的财务知识隐藏到了业务的背后，生产、采购和业务处理都是和现实十分贴切的真实业务。业务人员录入的信息会自动计入财务模块生成会计分录，这取代了传统会计核算软件需会计二次输入凭证的烦琐过程，同时把物流、供应链、人力资源等事务和资金流有机地结合起来，形成先进的财务管理信息系统，是一个大规模、高级的集成模块。

财务共享中心的建设离不开 ERP 系统的支撑。管控服务型财务共享系统所提倡的速度、信息、透明等理念正是 ERP 系统的核心优势，共享中心需要以 ERP 系统为基础，从中剥离出会计基础核算、工资核算、收支核算等日常业务来建设自身。在没有财务共享中心之前，ERP 系统直接与外部环境联系，缺乏标准化和规范化的流程处理，容易导致内部工作重复、组织结构混乱等状况。而建立之后，共享中心可以利用其信息化平台，以互联网及云计算平台作为数据传输渠道，重新部署数据库服务器，开发现有系统平台，重新确定组织机构和岗位任务，落实那些能够显著提高财务流程效率、提高资产及资金安全性的转变措施。

在财务服务方面，管控服务型财务共享中心能够优化 ERP 系统中最关键的财务子系统的工作模式，体现共享的功能。共享中心可以将 ERP 系统中的财务管理模块抽取出来并进入共享中心核算，各个子系统中与费用相关的业务全部交给其管理，组成一个相对封闭的环境，按照提交—审计—复核—生成凭证的流程报账登账，从而由事后核算向事中控制和数据挖掘及决策职能转移，颠覆了传统财务会计的工作方式，建立了类似流水线的运作过程，借助精细化的专业分工、标准化的流程和发达的信息技术，以"服务"为定位从事财务业务。同时共享中心还可以将 ERP 系统中的报账、应收应付账款、工资、账务处理、报表管理等环节集中起来，建立专门的数据库，方便核算和控制，从而提高整个共享服务中心的性能。

三、基于 ERP 系统的财务共享中心优势

在 ERP 系统的基础上，企业通过推行财务共享中心建设，使得内部的财务管理活动全方位向业务活动渗透，增强了财务响应和支撑市场的能力。这对

于加快推进业务财务一体化，实现数据标准化、流程统一化产生了重大影响。同时，基于 ERP 系统的共享中心的建设也促进了财务共享的组织变革，从而不断提升企业核算的标准化、集约化管理质量，提高财务管理水平，加强对风险的管控能力，实现资源的最优化配置等。

同时，在融合了 ERP 系统的财务共享中心实施后，企业内部财务管理工作逐步摆脱原来低附加值的业务操作。财务人员由日常核算向财务管理转变，逐步由应对数据处理向强化数据预测转变，并更多地参与到市场营销、产品设计、投资计划和管理决策等活动中，直接参与管理决策，逐渐成长为"可信赖的业务顾问"。

此外，管控服务型财务共享中心在 ERP 系统的基础上，还能够整合企业多个分公司（办事处）的人员、技术和流程，重新调整财务部门组织机构、人员的工作岗位，将大量同质、事务性的交易和任务集中于服务中心，实现财务记录和报告的集中化、标准化、流程化处理，从而打破传统的"分级管理、多点布局"财务组织管理模式，实现管控型共享中心的集中控制和统一核算。

第二节　财务共享系统的五大平台

在企业管理信息系统中，财务信息系统是各项信息的汇集点，处于核心地位，所有的业务信息都将传递至财务信息平台。管控服务型财务共享中心主要是进行基础交易业务的处理，并对财务基础数据信息进行统一管理。财务共享服务系统平台所涉及的信息系统主要集中在财务信息系统整体功能框架中的核算层和业务层。

财务共享服务核心系统平台包括业务操作平台、网上报账平台、资金结算平台、运营支撑平台、运营管理平台等，以及各个平台之间的接口关系。五大平台的实施实现了与财务核算系统、资金管理系统的集成，同时帮助企业建设了财务共享中心，提升了企业财务业务的处理效率及质量，充分发挥了财务共享服务对基础财务核算业务的监控和指导作用，提升了企业整体财务管理水平。

在财务共享服务核心信息系统中，业务操作平台、网上报账平台、运营支撑平台、运营管理平台、资金结算平台之间相互关联。员工在网上报账平台上提单，同时提交实物单据，单据经运营管理平台中的影像处理系统扫描上传后，在预算计划内且经过业务审批的单据到达审核会计；审核完毕之后，账务信息转化成记账凭证传递至业务操作平台，同时向资金结算平台中的银企互联系统发送付款指令；银企互联系统支付完毕之后返回支付结果，资金支出信息传递至预算管理系统写入预算资金执行数据。各平台概况将在后文具体介绍。

一、网上报账平台

（一）网上报账平台概述

报账系统是财务共享的核心平台，主要对企业的基础信息进行收集和整合，包括业务单据信息收集、流程执行、影像结合、单据派工、自动生成凭证等。网上报账系统作为业财融合财务共享服务系统框架中重要的一环，将会计系统的业务处理从编制记账凭证提前到了业务流程环节，将会计信息系统的关注点从记账凭证转移到了原始凭证，并大大降低了财务基础工作量，使得财务共享服务效率得以大幅提升并得到有效实施。

网上报账平台作为企业财务数据的采集入口，可以有效克服手工采集数据的弊端，将企业的费用支付数据完全电子化，利用信息技术再现原始业务活动，为每笔支出建立单独的审计线索。系统可以将费用报销延伸到费用发生前的申请、审批和稽核中，通过活动申请单实现费用发生的事前控制，能够根据申请审批结果对后续实际发生数进行控制，并作为后续流程的数据来源，最终达到费用发生按计划执行的目的。

但是，由于单据审核是每项业务开展的一个重要基础条件，在财务共享中心模式下，财务业务具有特殊性，仅仅依赖于报账中心的单据，不能让异地的财务人员全面了解该项业务所有的信息，因此网上报账平台需要与影像系统紧密结合起来。影像系统的建设将票据影像与实物流程统一管理，依托电子影像支撑整个审批流程，实现全电子化的财务共享中心业务流程。通过将原始发票扫描传入影像系统，进行集中、分类管理，随着报账系统的运作将单据流转到每一个节点，支持相关人员随时调阅、存档影像信息。同时，电子档案管理为财务共享服务提供了强有力的支撑，解决了票据实物流转、原始凭证调阅、业务处理的分工和效率等问题。网上报账平台与影像管理系统相结合的模式实现了集中化的财务处理，解决了跨地域业务处理的问题。

（二）网上报账平台的作用

网上报账平台有以下几方面的作用。

1. 规范费用管理流程

（1）实现了对内员工报销，对外收款/付款的申请、审批的管理控制，支持费用、资产、应收、应付等收支管理。

（2）节省员工提交、审批、处理、支付及费用报表所需的时间和精力。

（3）实现全过程的网上审批，单位领导可自由安排审批时间，消除被动审批造成的干扰。

（4）实现某些费用申请单据，必须先有申请才能报销的控制，规范报销流程。

（5）应用条码机，扫描单据条码，记录报销单据投递情况，稽核时通过条码进行单据定位，快捷查找单据进行稽核。

2. 加强费用控制

（1）对借款的控制。为控制资金风险，单位会对内部员工的借款进行控制，其控制方式一般为控制余额或控制每笔借款的金额，也可以采取两种方式混合的方法。在系统中，按照员工的职务级别等信息设定控制金额，在借款过程中进行实时控制。

（2）对报销的控制。对报销过程中的控制主要有两个方面，即报销限额和报销标准。报销限额是对指定报销项目在一定时间范围内的报销总额进行限制的控制方法，常见的有通信费的月度标准、住宿费的日均标准等；报销标准主要是用于计算有关报销费用，如差旅补贴的标准等。在系统中，采用按照员工的职务级别等信息规定报销限额和报销标准，对于报销限额可以设定控制周期为天、月、季、年，并可以进行累计控制。

（3）对预算的控制。费用的申请是否合理、报销的事项是否批准，这些与报销者个人的限额和标准无关的控制要求，需要根据单位的预算情况进行决策和控制。系统可以在业务申请阶段实现与预算系统的实时连接，对预算进行预计和检查，对超出预算或者到达预警线的业务进行实时控制。

3. 灵活定制表单、审批流程

（1）系统预置大量最佳实践的单据模板，提供各种费用单据、收付单据的定制。

（2）可以灵活定义报销、申请单据类型及单据格式、打印格式，随时满足用户最新要求。

（3）可以对费用单据设置多级、多步骤的审批流程，支持不同人员不同的审批权限。

4. 实时查询，快速统计报表

（1）多维度、多层次、多方式穿透查询，实现管理驾驶舱功能。

（2）费用的不同状态满足了不同时期、不同岗位人员对费用的查询。

二、业务操作平台

业务操作平台是在对业务和财务系统进行流程梳理和整合的基础上，建立一个支持财务与业务系统一体化的平台，以实现财务会计流程和经营业务流程的有机融合。该平台设置的基本原则是"财务业务一体化"，主要为共享中心业务人员所使用，并产生财务基础信息。共享中心业务人员使用该平台主要是为了完成业务单据的稽核、复核、凭证处理、资金结算等业务处理。

稽核是指共享中心人员对单据信息的规范性、有效性，以及原始票据和影像进行核验，补充必要的业务信息及补助计算等。稽核时可联查费用预算信息，也可完成借款的核销。稽核完成后自动发送付款信息到资金系统支付，并生成财务凭证，通过接口传递给总账模块。

复核是指共享中心人员为了进一步确保单据信息的规范性、有效性，可以增加复核人员岗位，按照授权复核某几类业务和某些单位的报账单，实现分权业务单据处理。共享中心人员在复核完成后可以根据业务需要自动生成凭证。单据复核后同时退到稽核节点，并且形成新的稽核任务；新的稽核任务默认处理人为当前单据的前稽核人员。

凭证处理是指已经稽核完毕的各种借款单据需要编制财务核算凭证，利用凭证接口自定义模板功能可以自动生成满足核算要求的各种凭证。另外，财务人员还可以随时从总账的费用核算凭证追溯到每一笔费用报销单据。

业务操作平台在业务市场需求基础上，充分考虑财务需求，将财务所需信息的采集节点都放到业务前端，将财务系统与业务所涉及的人事系统、行政采购系统、资产管理系统、合同管理系统等直接对接，完成整个财务业务一体化的改造。当一项业务发生时，业务人员操作这些系统，业务数据进入信息系统并立即保存到指定的数据车中；同时，该事件触发实时凭证自动产生，虽然实时凭证只是一种虚拟凭证，不是实际的会计凭证，但可以定期或不定期将实时凭证汇总生成实际的会计凭证。会计凭证一经财务确认，可以立即反映到所有相关的账簿和会计报表中，不需要再经过其他部门工作人员另行录入。此外，分类款项、部门、往来等辅助信息也均能实现自动传递，从而真正做到无缝衔接。

三、运营支撑平台

财务共享中心运营支撑平台主要对财务共享中心的业务开展和运营进行基础信息管理，实现类型定义与业务定制的集成，其包括共享服务中心的组织定义、业务定义、作业规则管理；共享中心参数定义、共享中心用户和岗位以及权限的管理等。管控服务型财务共享中心的运营支撑主要包括基础组织信息管理和基础业务信息管理两部分，多方面支持共享中心的管理能够按共享中心和业务类型进行流程配置。

对于组织定义，要根据企业的共享中心建设方案，依次设置共享中心服务定义、业务组定义和用户管理。

对于业务定义，要定义支付方式与具体的业务单据类型，设置每种业务单据的格式及借款核销控制，维护员工报销账户管理、委托管理。依次设置业务申请类型定义、报销类型定义、支付方式、借款核销控制、报销账户管理，并在系统运行过程中，根据需要设置委托管理。

管控服务型财务共享中心的运营支撑平台包括共享中心基础组织信息管理和基础业务信息管理两部分。

运营支撑平台的设立主要是为了帮助企业提供关于经营层面的相关信息，支持业务领导做出决策。运营支撑平台的良好运作需要与企业内部财务人员及业务人员建立紧密联系：财务人员需要主动获取业务单位的需求，根据需求构建财务信息模型，并提供给业务单位；业务领导从业务系统中获取有关销售、收入、毛利、利润、收款、现金流、资金预算等决策支持所需要的财务信息和非财务信息，并将企业经营信息与绩效数据进行对比。在决策过程中，运营支撑平台能根据各级领导在企业价值链中所处的不同角度和视野，进行数据权限隔离和控制，做到指标可以向下获取明细，还可通过灵活的界限定制，把所有财务和非财务信息联合分析并展现给经营决策者和企业高层，为其经营决策提供数据支持。

四、运营管理平台

运营管理平台是企业对所提供的产品或服务进行设计、运行、评价和改进活动的总指挥。其常见的活动包括制订科学高效的运作体系，使员工养成规范良好的作业习惯；确保工作按制度执行，并不断检查执行效果；随着组织的发展，不断优化、创新工作流程等。企业通过运营管理平台对其价值链上的各项活动进行分析和设计，以提高组织运作效益，从而优化对财务共享服务平台业务运营的任务管理、质量管理、绩效管理和运营分析。

任务管理是指系统将各种待处理的业务以任务的形式放在作业池中，由作业人员以抢单模式或单据提取模式从作业池中提取待处理单据，通过各类规则将系统内各类单据在各组织与用户间进行分工，单据的处理结果可用于绩效考核。

质量管理是指系统通过制定质检任务，定期抽检原始票据及会计凭证，对每笔不合规报账做详细记录和整改、稽核追踪，并可形成日常质量报告和专项质量报告。根据制订的 KPI（关键绩效指标），对共享中心人员的服务进行质量管理，定期通过单据的质量抽查，了解共享中心服务过程的不足，从而不断优化共享中心运营，保证共享中心的高效率运行。

绩效管理主要是对共享服务平台运营过程中的组织和员工进行业绩考评，是各级管理者和员工为了达到运营目标，共同参与绩效计划制订、绩效辅导沟通、绩效考核评价、绩效结果应用、绩效目标提升的持续循环过程。绩效管理以经营战略和年度经营目标为指导，通过对员工工作绩效的评价，达到奖优惩劣、提高员工绩效水平的目的。

运营分析是指根据条件，查询共享中心日常运营所需的统计数据，如单据流转时间查询、单据分类汇总统计、个人工作量汇总统计、单据处理日报、每日个人工作排名、每日业务处理排名、每日工作情况汇总、单据入池趋势分析、单据处理完成趋势分析、单据库存量趋势分析、单据处理时长对比分析等，方便管理人员掌握共享中心的任务情况，协助共享中心管理者进行资源调配等。

目标管理决定着共享中心的管理导向，是开展其他管理活动的基础。流程制度管理、标准化管理及内控质量管理是为了规范共享中心的流程和工序，控制输出质量。信息系统则是规范和提升效率的有力工具。随着管理成熟度的提高，绩效管理、人员管理、服务管理和知识管理也越来越受到重视，这有助于调动共享中心人员的积极性，保持健康的活力，引导并形成共享中心独有的组织文化。

管控服务型财务共享中心运营管理平台的建立过程是共享中心不断优化自身管理工具和管理手段的过程。建立运营管理平台能够使其管理手段更加多元化，使得共享中心的管理更加规范有序，从而促进管理效率和管理效果的提升。

但是，引入共享服务意味着会带来复杂的变革，这就要求管理者具备更多的非传统的管理能力，这对管理者来说是一种挑战。管理者需要重新审视，财务共享中心如何为企业增加价值，并以此为出发点，设定财务共享中心的业绩基准，以及客户对服务中心的预期等。为了确保财务共享中心有能力达到这种预期，管理者必须在流程设计、绩效、质量、服务等各个方面建立管理体系，不断检查和更新业绩指标，对"供应商—客户"关系进行有效而持续的管理，不断审查、完善伙伴关系协议，鼓励共享中心以低成本提供高效率、高质量、高满意度的服务。

五、资金结算平台

随着企业经营管理理念的转变和财务管理水平的不断提升，越来越多的企业都在考虑通过有效的资金管理工作，强化集团财务管控，实现资金价值最大化。为了实现集团资金管控的目标，许多企业选择建设和实施资金管理系统，将原先分布在各个地区分公司的大量资金支付、银企对账等工作汇总到共享中心，对资金进行集中管理，充分发挥集团资金的规模效应，并对集团整体资金进行有效管控，防范风险。而作为资金管理系统中一个举足轻重的子系统，资金结算平台在资金的集中管控和风险防范上发挥着巨大作用。

资金结算平台可以为不同共享中心模式下的资金结算业务提供统一的办理平台，通过参数配置，满足不同企业由于共享中心和资金中心的组织定位及分工差异形成的多种共享模式下的结算场景，实现报账、结算、线上支付的一体化管理。资金结算平台集成自动电子结算、资金计划管理、资金整体管控、平衡有序调动、内部调剂、外部借款等，能够承载和处理所有涉及现金收付的资金业务，不仅为财务共享中心的效率提供了保证，也成为财务管理的重要手段。

企业实施资金共享、推行资金集中管理一般需要建立集团内部的金融管理机构或资金组织，如财务公司、结算中心或内部银行等，通过建立集团结算账户资金池，可以为每家下属成员单位提供资金结算服务。资金管理涵盖了资金计划管理功能、银企互联功能，以及资金支付功能等，其将企业的 ERP 系统、业务系统、银行系统贯通，实现资金管理的无缝对接，管控服务型财务共享中心的资金结算分为三步走，即资金结算分析、计划控制、计划执行。

第一步是对资金结算及整体资金综合进行分析，全面了解企业的资金计划以及资金头寸，掌握企业实时的资金状况；第二步是要对整个资金计划进行控制，包括柜台结算和网银结算，完善线上线下的资金支付业务操作规范；第三步是在计划执行过程中要做好业务留痕工作，与业务操作平台、影像管理系统等做好对接，推动整个资金结算平台顺利运作。

资金结算平台帮助集团资金业务构建了统一的标准，规范了资金支付及结算流程，实现了对资金收支的全过程精细化、动态化管理，提高了资金整体服务水平，提升了工作效率。资金结算平台有利于企业管理者把握资金头寸、控制现金流，更有利于资金总部管理层了解下属成员单位的资金状况，在更广的范围内迅速而有效地控制好现金流，从而使现金的保存和应用达到最佳状态。它还帮助集团降低资金成本，优化资金结构，减少资金占用，有利于系统使用者提高工作效率，将更多的人力、物力用于价值更高的管控分析活动。

第三节　财务共享云

一、财务共享云的价值

我们已经进入以"互联网＋""工业 4.0"为代表的数字经济时代，企业要向互联、共享、智能化转型。随着"创新驱动，转型发展"战略目标的指引和管理会计在企业中的深化应用，财务管理已经从传统的财务核算向价值创造、精细化、高效多能的专业化财务分工转型。作为多级管控与多元化产业运营的集团企业，迫切需要构建一个以财务为核心支持多级管控的一体化财务云，并结合互联网、大数据、移动应用等创新技术，进一步细化管理颗粒度，加强推动企业内外互联互通，消除信息孤岛，更好地实现企业资源有效配置，通过大数据分析进行事前预测，规避企业经营风险，为管理者提供决策支持，将企业管理创新落到实处。

管理变革与技术创新推动了企业数字化转型，数字化转型已经成为企业发展的关键战略，财务转型也是企业数字化转型的重要环节，建设和使用财务共享云将是一个非常有效的途径。

财务共享云是集团企业将财务共享管理模式与云计算、移动互联网、大数据等计算机技术有效融合，实现共享服务、财务管理、资金管理的三效合一。通过建立集中统一的财务共享云中心，支持多终端接入模式，企业能够实现"核算、报账、资金、决策"在集团内部的协同应用，从而提高企业云服务的价值。其价值主要体现在四个方面：第一，实现财务资源的共享，减少人员及软硬件系统的重复设置，降低总体运营成本；第二，强化财务管控力度，强化管理会计建设，通过共享服务实现数据集中，为管理层提供准确、及时和完整的会计信息，深度参与业务运营，提高运营能力；第三，提升企业整合能力，支持企业的业务整合与快速扩张；第四，通过业务标准化、人员专业化，提高财务工作效率，提升财务服务质量等。

现阶段企业高速扩张及内部管控要求提高，推动企业加快建立财务共享云平台，以支撑其快速发展，解决财务服务及财务管控的问题。国内企业在建设共享中心时，不再将追求成本效益作为第一要素，而是在加强财务管控、降低运营风险的前提下，进一步完善财务管控体系。管控服务型财务共享云平台将管控与服务并重作为财务共享建设的首要目的，满足了当前集团企业管理精细化、管理会计落地的数字化转型需求，将税务、资金管理、电子发票、会计电子档案全部纳入，助力企业建设管控与服务并重的财务共享中心的建设，更加符合当前企业的管理需求。

通过管控服务型财务共享云平台的建设，企业能够固化和落实基础财务管理制度，统一基础核算、结算业务管理方针与政策，提升企业财务业务的处理效率及质量，充分发挥财务共享云平台对基础财务核算业务的监控和指导作用，提升企业财务管理水平。

二、财务共享云的特征

与传统企业管理软件相比,财务共享云更关注对企业 ERP 系统的建设和应用,主要有以下三个特点。

(一)商业模式不同

软件运行于云计算中心,企业按需租用,企业不拥有软件,但数据归属于企业。

(二)资源弹性

借助云数据中心庞大的资源池,企业可根据自己业务增长或者新企业的并入,随时按需动态扩展资源(传统企业硬件扩容需要申请、审批、采购、安装调试、配置、优化,需要的时间可能长达数月)。

(三)专业运维

企业借助云服务商所拥有的硬件、安全、软件等各层面的专业运维团队,可以保障本企业系统更安全、高效地运行。

采用或建设财务共享云意味着企业已经开启了上云之路。不同类型的企业,在上云的选择路径上也各有不同。大型企业首先建立私有云,着重企业内部管理运营的应用,为内部成员单位提供服务,然后连接客户、供应商、员工的应用领域采用公有云,与私有云共同形成混合云架构,直至最后全部采用公有云模式。中小企业对于上云的接受速度比较快,小企业是企业上云的主体,特别是小微企业已经接受了 SaaS 的业务模式,可以直接全面上云。

同时企业在上云过程中也应借鉴各大云服务商多年来的沉淀和积累,结合相关云服务商的经验和帮助,在云战略的总体指导下,顺应市场趋势进行全面云化升级,提供面向集团企业的"云 + 端"的全面云化解决方案,重点围绕企业云建设,提供从云数据中心到平台再到应用的整体解决方案,在传统的集团管控方案基础上,增加 CSP(融合交互系统)云应用中间件、电子商务云平台、商务智能分析云等,全面迎接云时代。

在各大中小企业纷纷上云这种新常态下,政府引导企业上云是云时代的另一重要特征。现阶段,在各地政府的推动下,企业出现大范围上云的现象,促使管理软件厂商加速向云应用服务商转型，企业云服务市场也将迎来重新洗牌、品牌重塑的新机遇。

企业上云是大势所趋。云作为企业数字化转型和新旧动能转换的重要手段，开启了企业服务的新革命。企业必须以"互联共享智能"理念为引领，利用云计算、大数据、物联网、移动互联、人工智能等构建本企业的"智慧大脑"，加速推动企业数字化转型，全面推动企业快速上云。

第七章　智能时代财务组织与模式变革

第一节　智能时代财务组织的简化

　　财务组织如同生物一样，有着自身发展和进化的规律。在不同的历史时期，财务组织是与当时的社会、经济及技术环境相匹配的。时至今日，财务组织的发展已经进入了与智能化时代环境相适配的时期。对"80后"的笔者来说，谈论组织进化史这样的话题有点儿压力。事实上，对于2000年以前的财务演变，笔者是没有经历过的，只能根据历史信息检索及和老财务们的沟通做出大致的判断。而2000年后的20年间，是笔者亲身感受并参与其中的，在此做一些浅显的提炼，姑且称作"极简财务进化史"。

　　我国的财务发展可以从中华人民共和国成立后开始谈起。应该说，在几十年的历程中，财务整体还是在发生着改变的，这种改变也是和整个中国社会的进步相匹配的。我们不妨把这个进化历程划分为以下阶段：入门阶段（财会一体阶段）、初级阶段（专业分离阶段）、中级阶段（战略、专业、共享、业财四分离阶段）、高级阶段（外延扩展阶段）。如同社会的发展一样，第一个阶段历时漫长，而后续几个阶段则在短短的时间内实现迅猛的发展。让我们逐一说起。

一、入门阶段：财会一体阶段

　　从中华人民共和国成立到20世纪70年代末，大约30年的时间，财务与会计并没有那么显著的分离，即所谓的财会一体。事实上，在这个过程中，会计对处于计划经济时期的中国来说是更为重要的。而在这个阶段，财务管理实际上更多的是服务于内部控制和成本管理。一方面，要保证不出现经济问题，需要针对资金和资产的安全投入必要的管理；另一方面，需要从降低成本上获取管理业绩。事实上，在这个阶段，有不少企业的成本管理都还是有可匿可点之处的。在入门阶段，财务管理更多地被视作会计的一个构成分支。

二、初级阶段：专业分离阶段

所谓合久必分，经历了近 40 年的财会一体后，随着改革开放的深化，企业的经营目标发生了很大改变。随着市场经济得到确立，企业更多地关注自身的经营结果，也就是怎么赚钱的事情。在这个背景下，财务的地位发生了一些改变，从一个单纯"管家婆"的身份，转变为一个对内能当好家，对外能做参谋的新身份。

同时，财务组织也发生了变化，一个典型的特征是在 20 世纪 80 年代的十年中，财务管理作为一门独立的学科被分离出来，而企业中也逐渐完成了财务管理部和会计部的分设。这样的好处是专业的人做专业的事情。在财务管理范畴中也逐步涵盖了越来越多的东西，如预算管理、成本管理、绩效管理等，会计则涵盖了核算、报告、税务等内容。在后期，另一个专业领域也被不少大公司分离出来，即资金管理。你可以看到很多企业在财务管理部和会计部以外都设置了资金部。

从上面的变化可以看出，基于专业的分离趋势在财务组织中开始出现，我们把这个阶段叫作专业分离阶段。

三、中级阶段：战略、专业、共享、业财四分离阶段

从 20 世纪 90 年代开始到 2015 年这个阶段，是财务领域快速创新、积极变革的阶段，所以说这个阶段还是很关键的。实际上，战略、专业、共享、业财四分离这个概念最早是咨询公司从国外引入并流行起来的。财务组织有两个三角形的变化，左边的正三角形里基础作业比重很大，右边的倒三角形里管理支持比重很大。正是在这种思想的引导下，国内很多企业开展了财务共享服务中心及业财一体化的建设。而这两大工程带来的直接影响就是基础作业被分离到了财务共享服务中心，业务财务队伍成为财务组织的一个很重要的配置。

在市面上流行的说法中还有一个三分离的概念，这个概念没有将专业财务与战略财务分离，而是将它们统称为战略财务。但根据笔者的管理咨询工作实

践，战略财务和专业财务还是有一定的差异性的，分离后更为清晰。战略财务主要聚焦集团或总部的经营分析、考核、预算、成本管理等领域，专业财务则聚焦会计报告、税务、资金等内容。财务共享是会计运营的大工厂，而业务财务则是承接战略财务和专业财务在业务部门落地的地面部队。

战略、专业、共享、业财四分离的出现使财务的格局上升了一个层次。应该说，目前国内大中型企业的财务建设基本上都是按这种模式来的，并且取得了不错的成效。

四、高级阶段：外延扩展阶段

高级阶段说起来就是发展到一定阶段的财务组织，这也是与当下技术与概念日新月异的社会环境相匹配的。从这个角度来看，财务人并没有想象中的那么保守，反而具有一定的自我突破的决心。高级阶段在前面四分离的基础上进一步扩展了财务工作内涵的外延，笔者称之为外延扩展阶段。

到了高级阶段，就需要有创新能力了。从 2016 年开始，整个社会的技术进步也在加速，移动互联网到了后期，人工智能开始起步，大数据概念普及，套装软件厂商开始迫不及待地布局云服务。作为财务，仅仅抱着旁观态度显然是不够的。

在高级阶段，战略财务开始研究如何使用大数据来进行经营分析，有些公司在财务体系中分化出数据管理部或者数据中心。专业财务对管理会计日趋重视，管理会计团队在财务组织中出现独立的趋势。业务财务就更加多元化，并且在不同的公司做法也不尽相同，有的公司基于价值链配置业务财务，有的公司则基于渠道配置业务财务。而财务共享服务中心在步入成熟期后，开始向深度服务或对外服务转型，如构建企业商旅服务中心，承接服务外包业务，提供数据支持服务等；同时，基于机器作业的智能化应用也在财务共享服务中心出现。而另一项工作——财务信息化，在财务组织中也日趋重要，少数企业已经成立独立的财务信息化部门。随着智能时代的到来，财务信息化部门进一步演化出财务智能化团队，负责推动整个财务组织在智能化道路上前行。

从组织形态上说，原先的层级性组织出现矩阵式、网状或柔性组织的特征，不少企业要求财务团队既要专业，又要有极强的可扩展性，从而更好地应对企业在发展过程中对人力多样化、差异化的需求。

第二节　智能时代财务管理策略

当财务组织的发展进入高级阶段后，需要面对更为复杂的灵活性及更为迫切的创新需求。传统的财务组织应对这一特点会面临极大的压力。即将谈到的柔性财务管理正是为此准备的，我们来看看它是什么，又将怎样影响和改变财务的现行管理模式。

在智能时代财务管理的新逻辑思维中，笔者谈到了财务的刚与柔。传统的财务管理是一种刚性管理模式，而智能时代的财务管理需要具有更多的柔性。首先让我们来深入理解什么是管理的"刚与柔"，然后再来谈谈应该从哪些方面构建财务管理的柔性。

一、深入理解管理的"刚与柔"

从字面上理解"刚"与"柔"并不困难。对于"刚"的概念，最具代表性的当属泰勒的科学管理理论，对于这套理论不少大学的管理学课程中都有过介绍。泰勒的科学管理思想包括作业管理、组织管理和管理哲学三个核心内容。其中，作业管理强调的是如何通过科学的工作方法、培训方法和激励方法来提升劳动生产率。在电影《摩登时代》中，卓别林所饰演的工人在采用刚性的科学管理模式的工厂中进行流水线作业，几乎成为生产线上的一颗螺丝钉。而在组织管理中则区分计划和执行职能，提出了职能管理的概念；在管理哲学中强调科学管理带来的心理革命。随后很多管理思想的发展都延续了科学管理中至刚的风格。

当然，传统管理的刚性并不局限在科学管理这一个领域，在现实的管理工作中到处都有刚性的影子。比如，组织中森严的管理层级、制度中可能隐藏着简单粗暴、流程中缺少变通的执行方式、信息系统中难以改变的架构等，这些都无时无刻不在影响着企业的发展。而在财务领域，这种刚性的影响同样不可小觑。

当然，我们不能简单地去否定刚性，在过去的管理阶段中，刚性管理有其存在的自身价值。我们要做的是研究这些刚性的度是否合适，是否会有过刚而折的风险。如果到了折断的临界点，就应当适当地引入柔性，达到刚柔相济。

那么，柔性管理又是怎样的呢？笔者的理解是，柔性管理和行为科学体系是一脉相承的。霍桑实验是行为科学体系建立的重要实验基础，在这个实验中，人们发现员工可能并不是泰勒所假设的"经济人"，而是"社会人"。这个观点的转变，彻底将泰勒把人当作机器的管理思想转向了关注人的主观能动性。

同样，柔性管理的概念也不仅仅是关注对人的管理模式的改变，而是体现了一种敏捷、弹性、可扩展的精神，可以广泛地应用在战略管理、组织管理、绩效管理、团队和人员管理、信息系统、流程管理、运营管理等多个方面。"上善若水，水善利万物而不争"，姑且把这当作柔性管理的一种境界吧！

安应民在《企业柔性管理——获取竞争优势的工具》中说："从本质上来说，柔性管理是一种对'稳定和变化'同时进行管理的新战略，它以思维方式从线性到非线性的转变为前提，强调管理跳跃和变化、速度和反应、灵敏与弹性，它注重平等和尊重、创造和直觉、主动和企业精神、远见和价值控制，它依据信息共享、虚拟整合、竞争性合作、差异性互补等实现知识由隐到显的转换，为企业创造与获取竞争优势。"可以看到，这是对柔性管理的一种较为感性的理解。

二、智能时代财务为何且如何实现柔性管理

当我们了解了柔性管理的概念后，不禁思考，在智能时代到来的大背景下，财务应当实现怎样的柔性管理呢？下面我们从多个方面来看一看柔性财务管理。

谈到财务管理，在非常长的时期内，大家似乎都更愿意使用刚性思维来对待。一方面，财务本身在不断进行所谓严谨、管控、规则化的自我暗示；另一方面，财务人员长期以来就生活在各种条条框框里，从准则到各类监管制度，以及发票、单证环境中充斥着刚性氛围，可以说是一种过刚的状态。而这种状态会逐渐束缚财务人员的创造力，并且在今天商业环境已经改变、商业模式日新月异的情况下难以适应。

智能时代的到来，释放出要求财务进行自我改变的强烈信号，同时给我们创造了一个改变的机会。人工智能将帮助我们越来越多地完成原本需要"刚性"生产完成的工作，如财务审核、会计核算、资金结算等，而财务人员精力的释放将帮助我们重新构建创造能力和柔性管理的能力。

（一）柔性的财务组织架构

传统的财务组织通常是层次化的树状组织形式。通常在最顶层设有集团财务总监，下设几个专业部门，部门下再设相关科室，到了下属的业务单元或者子公司，又有业务单元或者子公司的总部财务，同样对口集团再设置相应的专业部门，再往下到了分支机构，视机构大小设置数量不等的财务相关部门，但具体岗位也是向上匹配的。这种组织配置方式就带有典型的"刚性"特征。

采用这种组织形式的好处是能够在条线上快速地完成指令的下达，并在某个专业领域产生高效的上下协同作用。但采用这种模式最大的弊端是横向协作困难，并会对变革和创新产生比较大的阻力。形象地看，这种模式也被称为"烟囱式"的财务组织架构。此外，还存在另一种刚性。尽管我们说横向协同有问题，但在任何一个层级又有其统一的负责人（首席财务官或者财务经理），这些横向负责人又会造成跨层级之间的协同出现问题，使原本垂直的刚性管理又遇到横向的钢板。而财务负责人对其横向业务领导紧密的汇报关系更加剧了这种横向钢板带来的阻力。

因此，在组织体系中建立柔性，打破横纵钢板交织的牢笼，将带来更大的管理价值。那么，如何打造柔性组织呢？在笔者看来，可以针对以下几种可能性展开探讨。

1.尝试扁平化的组织形态

对财务来说，往往在一个法人主体上会产生多个管理层级，比如链条—财务各部门总经理—部门副总经理—室经理—员工，已经产生了五个管理层级。适度的扁平化可以考虑简化一些层级，从而提升组织的运转效率。每多一个管理层级，就会多一层纵向之间的钢板夹层。从提升效率的角度出发，这种去钢板的变革应当自下而上地进行，应当适度增加中高层的管理跨度。在这个例子中，虽然保留了室经理的专业级别和待遇，但员工直接受副总经理管理，从而简化了管理职责，有利于提高整个组织的管理柔性。

2.积极应用团队结构的组织

在团队结构的组织中灵活地设置临时性或永久性的团队，这样的组织形态可以改善横向关系，并且可以有效地解决横、纵钢板问题。团队的设置可以是横向组合，也可以是纵向组合，甚至可以是横纵共同组合的形式。在团队中可以纳入一个或多个管理者来共同解决问题。团队结构的好处是在面对重大问题的时候，可以让部门的局部利益让步于整体利益。团队往往还结合着项目来进行工作，项目化团队在柔性管理中有着重要的价值。

3. 探索流程型的组织

对财务工作来说，从流程角度出发也能够带来组织的柔性创新，并借助流程的穿透能力打破组织的刚性壁垒。流程型的组织在财务共享服务中心的应用中最为常见，但笔者仍然建议扩大流程型组织的适用范围，比如将共享服务的流程向端到端进行拓展，将经营分析、预算管理、成本管理、税务管理等非共享运营类流程引入流程型组织中。

（二）柔性的财务组织文化

在财务组织的文化建设方面可以考虑引入柔性管理的思想，从而加强团队文化的包容性和灵活性。组织文化大致可以分为团队文化、偶发文化、市场文化和层级文化。

对传统的财务组织来说，应更多地注重层级文化的建设。这种组织文化往往对稳定性和控制性的要求显著高于对灵活性的要求。这也是与财务组织长期以来的稳健特征相吻合的。

如上所述，我们有必要建立适当的组织文化柔性，而团队文化、偶发文化和市场文化都更具有柔性的特征。可以在财务组织中适当地增加这三种文化的比重。当然，保持必要的层级文化也是符合财务管理特点的。

1. 团队文化

在这种文化类型下的组织类似于一个家庭，团队文化鼓励组织成员之间相互合作，通过达成共识和相互传递正向能量，带动组织凝聚力的提升，从而发挥出更好的组织效用。对财务来说，这种文化往往可以在一些关键时刻去建立，如在年报期间、财务系统建设期间都很容易构建起这样的团队文化。

2. 偶发文化

这是一种注重灵活性的冒险文化，其强调的是创造力的构建，以及对外部环境变化的快速响应。它鼓励员工尝试使用新方法甚至冒险去完成工作。这种文化在部分财务领域并不适合，如会计核算、报告、税务、资金结算等，这些追求安全性的领域并不能让冒险文化成为主导。但是在一些需要突破创新的领域，如创新型财务流程和系统的建立、融资等领域还是需要具备一定的创新能力的。因此，偶发文化可以作为财务组织文化的补充。

3.市场文化

这是一种鼓励内部竞争的文化，它对效益的关注超出了对员工满意度的重视，这种文化形态更像一种商业行为。对财务领域来说，财务共享服务中心最容易形成这样的文化氛围。适度的市场文化在标准化的财务作业领域能够有效地提高员工的工作效率，这也是我们前面所谈到的另一种刚性，不宜过度，否则将在财务共享运营层面造成影响。反而在非财务共享领域，更需要加强对市场文化的引入，以驱动财务管理人员爆发出更强的战斗力。

从以上分析可以看出，未来柔性的财务组织文化应当在层级文化的基础上更多地引入团队文化和市场文化，并将偶发文化作为必要的补充，形成丰富、立体的柔性财务组织文化体系。

（三）柔性的财务战略管控

柔性管理在财务领域的另一个应用是财务的战略管控。谈到战略管控，不少公司的做法是通过协商后制订战略目标，但一旦制订后就很少进行动态调整，造成了战略管控的刚性。而在预算管理上也存在类似问题，预算缺乏灵活的调整，难以适应市场环境的变化，带来资源配置的刚性。因此，柔性的财务战略管控可以从绩效目标管理和全面预算管理两个视角来提升其管理柔性。

首先是绩效目标管理。在传统的目标管理中，财务部门主要根据公司战略进行目标设定、下达及跟踪考核。在这个过程中，目标需经过管理层、业务单位及财务的沟通协商后进行制订，但往往季度、半年甚至全年都不进行调整；同时目标的制订往往只关注自身进步，以财务目标为中心，可以将这种模式简单地归纳为仅仅和自己比。这是一种带有刚性色彩的目标管理。

在柔性管理思想下，对目标的制订和考核应当更多地关注其他的维度，除了和自己比以外，还需要考虑和市场、竞争对手比。通常，要设置具有挑战性的目标，可以考虑要求业务部门的绩效超出市场的平均水平，并且超出主要竞争对手的水平。当然，这是针对在行业中本身位于第一梯队的公司来说的，不同梯队的财务可以设定差异化的目标，但核心在于视角的打开和柔性化。另外，目标设定后不能一成不变，应当在全年中不断调整，不仅仅是固定时间节点的调整，市场中重大事件的发生、竞争格局或竞争环境的突然改变等也都应当进行即时调整。在目标管理上，应当兼顾财务目标与非财务目标，并具有更为主动的战略敏感性。

其次是全面预算管理。传统的全面预算管理往往以年度为周期，基于年度循环来进行资源配置。部分公司将年度预算简单地除以12分配到每个月中。在资源配置的过程中，往往也并不适用于全面的预算编制动因，使预算编制结果与业务实际缺乏关联性。而在预算编制完成后，又较少展开预算调整，使预算和实际情况的偏离越来越严重。

在柔性管理模式下，资源配置应当具备更加细化的时间颗粒和维度颗粒，充分考虑不同时间周期内业务经营的实际特点，进行差异化资源配置，同时结合更多的业务实际，向作业预算的方向进行深化和努力。当然，柔性资源配置的背后还有成本和效率的约束。在当前相对刚性的资源配置模式下，很多公司的预算要很久才能完成，而且在编制过程中沟通成本高昂。向柔性管理的进一步迈进可能需要增加更多的成本。

（四）柔性的财务共享运营

传统的财务共享服务运营模式是典型的以制度为中介，对人的行为和组织的目标进行约束匹配的模式。这种运营模式更多的是一种刚性思维。对刚性运营来说，需要有稳定、统一及可以预测的业务需求。同时，在业务加工过程中，以规模经济为基础，进行同类业务的大批量作业，强调统一性和标准化，在作业完成后要进行质量测试。财务共享服务中心的员工仅需完成单一作业，在管理中要求尽量减少工作差异，没有或者很少进行在职培训。

可以看到，刚性运营能够享受规模效应、效率提升带来的成本优势。但在实践中，越来越多的企业管理者对财务共享服务中心的要求在不断提高，他们希望财务共享服务中心能够有更多的灵活性，能够应对更为多样和复杂的业务场景。而这本身也是财务共享服务中心的管理者所不断追求的。

对柔性运营思维的应用，能够很好地应对日益提高的管理要求。在柔性运营模式下，需求可以具有不确定性、多样性和不可预测性。在运营过程中，柔性运营以范围经济为基础，进行大批量多样化生产，解决差异性和柔性的自动化处理。质量控制方式将从事后测试向前期过程中的质量环境建设和质量控制转变。对员工来说，需要从原来的一专一能转变为一专多能，当业务需求发生变化时，能够灵活地进行资源调配。

财务共享服务中心的刚性是与生俱来的，也是不可或缺的，这是其安身立命之本。但财务共享服务中心的管理者必须意识到未来的趋势是刚柔并济的，柔性运营的思维和能力已经到了启动建设的时候。直观地说，刚性思维是一套直线式的生产线，而柔性思维模式则允许我们在这条直线上将差异件分流处理，同时允许员工在生产线上进行多流程环节处理，通过组织、技术、流程的柔性带来财务运营的多种可能。

（五）柔性的财务信息系统

对财务管理来说，还有非常重要的一点，就是需要将财务信息系统的刚性束缚打破，构建柔性的财务信息系统。

由于中国的信息化发展过于迅速，对很多公司来说，在还没有看明白的时候，技术已经更新，管理又出现了新的要求，财务信息化的建设都是在不断打补丁的过程中完成的。这样的系统建设路径使多数公司的财务信息系统缺少规划，也根本谈不上柔性。对这些公司来说，一个很大的问题就在于当业务需求发生改变时，现有的信息系统调整困难，甚至存在大量复杂的后台业务逻辑无人清楚的问题，使新需求可能带来的影响无人能够清晰评估，并最终导致系统无法改动。

因此，在这种情况下，财务信息系统的刚性具有极大的危害性。要改变这种局面并不容易，需要从以下几个方面共同努力。

首先，改变信息系统建设的观念和节奏，从打补丁的建设方式改变为先做规划和架构设计再开工建设。有些公司在系统建设的前期舍不得投入资金展开规划设计，导致产生高昂的后期返工和维护成本。在柔性管理思路下，建议在系统建设前期充分调研需求，多看市场成熟产品，必要时引入专业人士或者咨询公司来进行架构和需求设计，打好基础的投入看起来是刚性，但最终会给未来带来更多的柔性。

其次，在财务信息系统的架构设计中应当充分考虑产品化的思路。有的公司认为业务没那么复杂，没必要搞所谓的产品化、可配置化，IT人员只要用代码把规则写出来，流程跑通就可以。但实际情况是，这些公司从一开始就给自己戴上了沉重的刚性枷锁。有不少公司实际上都是在自己也没有想到的情况下快速发展膨胀起来的，这个时候除了推倒重来，真的很难找到更好的方法。当然，对一些初创型公司来说，如果自身没有充足的资金进行复杂的系统开发和建设，不妨考虑选择第三方产品，甚至是云计算产品，在低成本模式下保留自身的柔性。

对那些已经戴上刚性枷锁的公司来说，这条路已经走得很远了，要想改变并不容易。找到合适的时机，对系统进行一次全面的再造是由刚入柔的可能方式。这种契机往往出现在公司经营业绩很好，能够投入充足预算的时期，如果结合技术的大发展、大进步，则更容易实现柔性管理。

我们在上述内容中讨论了管理的"刚与柔"，并探讨了财务需要考虑引入柔性管理思想的五种场景。在智能时代，适度加强企业的柔性管理能力有益于企业的健康发展。而最佳的境界是做到刚柔并济，发挥刚与柔的和谐之美。

第三节　智能时代的财务团队

正如先前在财务组织的极简进化史中所谈到的，财务组织在进化到高级阶段后，会进入外延扩展状态。在这一过程中，财务组织演化出复杂多样的形态，这也顺应了在柔性管理思想下对财务组织柔性化的要求。下面我们谈一谈面向未来的智能化时代，财务组织的一种可能的外延扩展形态——财务智能化团队。

一、我们的方向正确吗

智能时代对财务组织最大的影响就在于减少了对简单作业的需求，增加了对创新和复杂设计能力的依赖。当然，当我们谈到这里的时候，很容易引发道德争议。在网络舆论中，有不少人担心智能时代的机器会取代人的工作，这对社会来说是进步还是退步？

为了回答这个问题，我们不妨看一下经济学中的破窗理论，也称为"破窗谬论"。这个理论源于学者黑兹利特在一本小册子中的譬喻（也有人认为这一理论是19世纪法国经济学家巴斯夏在其著作《看得见的与看不见的》中提出的）。黑兹利特说，假如一个孩子打破了窗户，必将导致窗户的主人去更换玻璃，这样就会使安装玻璃的人和生产玻璃的人开工，从而推动社会就业。

从这个例子中能够看出，担心机器取代人工的人，实际上是支持用落后的工具来进行生产，如同让孩子持续砸窗户，从而推动社会就业。而事实上，如果避免了自然灾害、人为破坏，那么节约下来的时间、物质资源和劳动力完全可以用在生产其他更重要的东西上，这样社会生活会更加富足。维持落后的工具、担心机器取代人工，实际上是牺牲了创造潜在价值的可能。说到这里，我们对智能时代财务组织将减少简单作业、增加复杂设计的方向性判断就更加明确了。

二、构建财务智能化团队

智能时代如何减少简单作业的问题，我们会在后续智能时代如何影响财务的新技术的章节中再讲。在这里，我们要谈一谈如何通过组织设计来增强财务复杂设计能力的问题。而在智能时代，增强财务复杂设计能力的核心在于财务智能化团队的建立，这也是我们在这里要谈论的主题。

（一）财务智能化团队的定义

首先，要对财务智能化团队做一个定义。为什么用"团队"这个词，而不是"部门"之类的呢？从笔者的角度来说，其更希望这样的一个组织是基于柔性理念设置的，能够具有敏捷快速的响应能力，具备更加高效的资源组织能力和创新、协作能力等，所以用"团队"而不是"部门"能够更加贴近笔者所期待的能力需求。

在财务智能化的定义中，人们对智能化的概念会有不同的理解。第一种理解是用智能工具来武装自己，使组织的工作效能得以提升；第二种理解是组织中的工作被人工智能所替代，整个组织的工作内容已经没有人的干预，组织成为智能作业组织；第三种理解是需要一个组织，能够基于智能化的理念，帮助其他组织达到前面两种理解的目的，即智能化团队是用来帮助他人实现智能辅助工作或推动机器替代人工的。这里我们所谈论的是第三种理解下的智能化团队的概念。

笔者给智能化团队加上"财务"限定词，是为了说明这个团队的服务对象是财务领域，而非其他领域，同时财务智能化团队的组织设置也在财务组织内部。

基于以上理解，我们就能够给财务智能化团队下一个定义：财务智能化团队是在企业财务组织内部，基于智能化理念、人工智能理论和方法及创新思维，推动财务组织中其他职能使用智能化工具提高效率、质量或者用人工智能取代人工作业的组织。

（二）财务智能化团队员工画像

在有了定义后，下一个问题是财务智能化团队的成员需要有怎样的素质特征呢？从定义来看，这个团队和其他团队不一样，担负着武装群众或者解放群众的历史重任。因此，这样的团队必须要具备一些独特性。

1. 游走在财务与科技之间

对财务智能化团队来说，需要具备复合的知识体系。一方面，它需要具有丰富的财务管理知识，具备管理者的战略视角，能够从全局对财务管理的工作模式和业务流程做出深入思考；另一方面，它需要对智能化技术有充分的认识，清晰地认识到智能技术能够做到什么，以及如何与财务管理的场景相结合。同时，类似于现在财务信息化团队中业务需求分析人员的工作，财务智能化团队同样需要具备将业务需求转换为智能化技术实现方案的能力。

2. 创新是一种本能

由于智能时代新技术层出不穷，如何将这些新技术与财务管理的场景进行关联成为关键问题。很多时候，人们知道新技术是什么，也知道财务管理在做什么，但就是说不清楚新技术能够帮助财务管理做到什么。就像云计算、大数据、区块链等，太多的人在讲它们有多么好，但就是很难讲清楚财务可以用它们来干什么。这个问题的背后缺少的就是创新。因此，对财务智能化团队来说，创新要成为融入其工作和生活中的本能。只有这样，才能够敏锐地洞察智能时代财务创新的机会。

3. 胆大心细能推动

对财务智能化团队来说，在未来相当长的一段时间内，都将致力于改变现在财务管理的固化习惯。无论是让人们接受新的技术工具，还是让人工智能替代人工作业，这背后都需要强大的魄力和推动力。财务智能化团队的成员需要胆大心细，敢于挑战权威和惯性，同时需要懂得沟通协调的艺术，能够在变革的过程中获得各利益相关方的认可，从而形成推动力。

4. 人少精干有柔情

财务智能化团队的人数并不需要很多，对整个财务组织来说，这个团队一定是一个小众群体，它将是一把利剑。对这样的团队来说，每个成员都要能够保持充分的活跃度和能动性。同时，整个组织需要具有高度的柔性，能够随时拆分或组合，既可以随时投入微创新中，也可以随时投入攻坚战中。财务智能化团队是一支富有变化性和战斗力的队伍，是未来财务组织中的特战队。

说到这里，我们已经知道，财务智能化团队需要具有财务和技术复合知识、敢创新、能推动、善变化、有战斗力的财务人。

（三）财务智能化团队的组织设计

那么，我们又该如何去构建这样的一个财务智能化团队呢？我们首先从组织设计的角度来谈一谈财务智能化团队的几个关键问题。

1.财务智能化团队的核心职责

财务智能化团队的核心职责主要有四点：第一，负责财务组织对智能化技术的战略性研究，能够积极主动地跟踪新技术动态，深入挖掘财务管理领域应用新兴智能化技术的可行场景，并制订实现路径；第二，能够有效地与IT部门对接，明确智能化应用场景的业务需求，推进并跟踪IT部门实现智能化业务需求；第三，推动已实现的智能化技术工具在财务管理实际工作中的应用，提升相关场景业务团队的工作效能；第四，积极推动人工智能技术对财务业务流程中人工作业环节的替代，提升流程的自动化处理能力。

2.财务智能化团队的管控关系

财务智能化团队是财务组织内设机构，鉴于其在组织中需要有多方面的沟通协调能力及极强的推动作用，可以考虑将该团队的直接汇报对象设定为CFO或分管信息化建设的财务总经理。同时，赋予该团队较强的组织协调权力，以支持其推动变革项目，如项目资源调动的权力、对项目参与方进行考核的权力等。另外，财务智能化团队也需要和外围各方财务组织及科技部门保持紧密的协作关系。

3.财务智能化团队的组织架构

作为一个柔性组织，财务智能化团队只需要有一个负责人和多个智能化财务经理。每个智能化财务经理都可以成为项目负责人或者其他项目的成员，但团队应当遵循项目经理负责制，赋予项目经理充分的资源调配权和项目管理权。而整个团队的负责人需要负责团队整体的方向和人员管理，能够对每个项目起到有效的辅导和监督作用。

在明确了组织设计内容后，财务智能化团队的建设方向会逐渐清晰起来。作为一个有前瞻性思想的财务领导者，应当尽早启动对新技术的关注，以技术驱动财务管理升级。因此，能够较早地在财务组织内部设立财务智能化团队会是很好的起点。随后，需要积极地引入富有创造力和综合能力的优秀人才，使团队的构建逐渐成熟起来。

财务智能化团队的建立会比其他财务组织的构建更富有挑战性，用有开拓性的领导力集聚创新技术人才是团队成功构建的关键。

第四节　智能时代的财务创新

当社会经济发展到今天这个阶段时，创新已经成为企业发展的核心驱动力。很多公司已经将创新作为企业战略的重要组成部分。国内外最顶尖的企业中新增了一个重要职位——首席创新官。这个职位和首席财务官、首席技术官等处于同一层级。在这里，我们不是谈企业的首席创新官，而是来看一看财务如何创新，如何让整个财务组织形成创新的生态环境，并有机会让每个财务人都能够成为首席财务创新官。

一、智能时代财务创新的使命

对财务来说，创新并不是一件容易的事情，看看会计发展史就知道了。长期以来，社会强行赋予了我们"严谨务实"的标签，以积极的态度去理解，这是对财务工作的认可；而从另一个角度来看，也体现出财务和创新相悖的一面。

但事实上，我们并不否认财务是具有创新能力的。在最近数十年的时间里，财务创新在企业后台管理中仍然是一抹亮彩。计算机时代的财务迈出了会计电算化这一步，信息化时代的财务成为企业 ERP 建设的前锋，共享经济时代的财务共享服务中心在企业管理中独树一帜，而我们正在进入的智能时代，财务也必将有所作为。

智能时代赋予财务人新的使命，对财务人的创新能力提出了新的要求。

（一）创新的技术基础更为复杂，也更为便利

智能时代的创新离不开技术，和过去的十多年相比，今天技术的发展和进步让财务人面临更为复杂的技术环境。在计算机时代，财务人只要会安装并操作软件就好了；在信息化时代，财务人还需要懂得一定的互联网技术。而在今天的智能时代，如果要把技术与业务场景深度融合，财务人需要懂的事情就更

复杂了，无论是大数据、云计算，还是机器学习、区块链，没一件事情是简单的。要在这样的一个复杂环境中进行创新，财务人就必须要对技术有深刻的理解。

与此同时，技术的获得又是便利的。例如，"某某云"能够让开发人员用较低的成本构建一个机器学习的开发实验环境，财务人只要稍微努力，去亲身体验和感受这些技术的实现过程也不难。从这一点来说，技术进步带来的是更多的便利性。

（二）创新的时效性要求更高

智能时代的技术变化是高速的，并且遵从一定的演进路径。因此，在这样的技术发展节奏中，创新的时效性就显得尤为重要。如果创新的时间周期较长，往往一项新技术还没来得及进行深度的实践应用，就已经沦为明日黄花了。而跳跃技术阶段的创新又蕴含着较大的风险，导致一步慢、步步慢，最终在智能时代的创新竞争中失利。因此，智能时代的财务创新必须遵循唯快不破的基本逻辑。

（三）创新必须要和场景深度融合

智能时代商业创新的本质是场景创新。一个缺乏业务应用场景的创新是没有市场和生命力的。实际上，技术的普及和平民化是一件很容易的事情，但将技术与实际需求相结合，并形成有意义和有价值的应用场景就没那么容易了。对财务来说，在接触到一个新的技术概念后，不应该着急地去全面展开基础建设，而应当客观、务实地深入挖掘其应用场景，然后再来看如何把技术应用到场景中。这个时候，在技术层面所投入的建设资源将更具有针对性，能够获得更高的产出。

二、智能时代财务创新需要怎样的生态环境

尽管在智能时代财务创新被赋予更高的使命，但要使财务能够在真正意义上实现管理创新，还必须要创造出一个适合创新的生态环境。这样的一个生态环境需要多方面的因素来共同打造，包括战略、文化、组织、技术等。

（一）公司战略的一致性

财务创新要想发展得好，第一个要点就是与公司战略保持一致，南辕北辙的创新终究会面对消亡的结局。对财务来说，我们所做的事情并不是孤立的，

必须要与公司的发展战略相匹配。设想，一个坚定走手工打造战略的企业推动财务智能化成功的概率，必定远低于一个将人工智能作为公司核心战略的企业。所谓顺势而为，就是这样的道理。站在风口上，财务创新必然可以迎风飞翔。因此，一个与财务创新方向匹配的公司战略是创造财务创新生态环境的基础。

（二）鼓励创新的文化氛围

当财务创新与公司战略相一致时，说明我们做了对的事情，但要想做出成果，还需要有一个鼓励创新的文化氛围。在通常情况下，这种氛围在技术部门或者市场部门都较容易形成，但在财务部门往往存在一定的难度。

鼓励创新不是停留在口头上的一句空话，作为财务管理者，应当积极对做出创新贡献的员工给予鼓励。

生产线上的员工如果做出创新贡献，会根据其为公司带来的成本节约比例进行奖励兑现，因此不乏因创新而获得高达数百万元人民币奖金的员工出现。对财务来说，我们很难要求管理者去承诺如此丰厚的物质奖励，但恰当的精神奖励和年度考核评价也会营造出有效的创新氛围。

（三）适合财务创新的组织模式

适合财务创新的组织模式也是创新生态环境的重要组成部分。传统的财务组织模式对创新是不利的，部门之间的壁垒让全局性的跨部门创新难以实现。设计一个层级简单、项目化、敏捷、柔性的财务组织，对于构建创新生态环境具有极其重要的意义。

（四）对财务创新的试错包容

创新生态中的重要一环是技术，在创新过程中，很多新技术流程都需要经过实验的验证。在创新型企业中，往往对试错给予了极大的包容性，甚至很多时候鼓励试错，从中获取成功的种子。因此，好的创新生态应当具有技术试验环境，让大家在不断的尝试中找到正确答案。对于试错包容，海尔是一个不错的例子。在海尔的逻辑中，未来的商业创新具有极大的不确定性，对一个企业来说，不妨创造一个万马奔腾的局面，最终总有那么几匹马能够跑到成功的终点。很多风险投资也是这样的，并不在于你投对了什么，而在于你错过了什么。

三、财务创新的失败

谈了创新的方法，再来谈谈创新的失败。很多时候，知道为何失败比知道如何成功更有价值。财务创新的失败说起来并不复杂，下面说说创新失败的五种场景。

（一）目标不清带来创新失败

很多时候，财务创新并不是在建立了清晰的目标蓝图后开始的，而是看别人做了，自己也就跟着做了，但做到半路可能都还不知道自己为什么在做这件事情。罗永浩在其专栏"二货日记"中曾经谈到不适合创业的场景，和我们这里讲的事情很相似。没有清晰的目标，无论是创业还是创新都存在极大的失败风险。结合前面所讲的，所谓清晰的目标其实可以理解为有价值的应用场景，有了场景，也就有了目标。

（二）技术不到位带来创新失败

在财务创新项目中夭折在技术不到位上的案例太多了。很多企业财务在抛出一个创新想法的时候并没有充分评估自身的技术能力，想当然地认为自己的技术部门能够实现其构想，而一旦真正运作起来，技术环节掉链子，让整个创新项目停滞，或者错过最佳的实现时机。因此，在财务启动创新项目时，充分评估技术资源、锁定必要的技术资源都是至关重要的。必要的时候，引入外部资源或购买产品——拿来主义有时候是更加直接、有效的手段。

（三）创新周期过长造成的创新失败

前面说了智能时代的创新有时效性的要求，很多创新项目就是因为周期过长而失败的。当一个项目的时间周期过长时，无论是项目的推动方还是关联方都经受不起漫长的时间消耗。随着时间的推移，很多被早期激情所掩盖的矛盾就会爆发出来。那么，以多长时间作为容忍的底线呢？经验告诉我们，这个时间周期最好不要超过 18 个月，否则项目的失败风险将会急剧上升。控制项目的时间周期是财务创新者规避失败的一个简单、有效的方法。

（四）安于现状是创新失败

很多时候，性格是我们的软肋。有不少财务创新者在意气风发地战斗了一次，获得了一次成功的创新实践后，就会陷入安于现状的陷阱。这个时候，他们忘记了创新是相对的，随着时间的推移，创新已不再新，越来越多的新进入者会使用、模仿、超越，将你的竞争优势瞬间瓦解。安于现状是曾经的创新成功者的另一次创新失败。对财务创新者来说，只有持续突破自我，实现创新循环，才有可能走得更远。

（五）变革阻力下的创新失败

最后要谈的一种创新失败源自变革阻力。对一些需要触动业务部门利益的财务创新来说，变革总是伴随着创新过程的。财务作为企业的后台部门，在推动剧烈变革的时候往往会面对极大的阻力和自身的心理压力。一旦内心不够强大，就会倒在创新的道路上。变革的阻力会给创新者带来绝望期，绝望期的深度代表绝望的程度，宽度代表绝望的时间，财务创新者应当积极营造良好的变革氛围，通过积极主动的沟通和获取管理层支持来减少绝望期的深度和宽度。

财务创新的成功建立在事先预判失败的基础上，当我们充分认识到创新失败的场景并有所应对时，创新将不再是一件困难的事情。

四、人人都是首席财务创新官

对财务来说，培养团队的创新能力并不是一件容易的事情，作为创新的领导者，需要有一颗坚持和包容的心，悉心创造良好的创新生态环境，培育团队的创新文化和员工的创新意识。通过一系列微创新项目树立财务人对创新的信心，并收获创新成功的经验。

第八章　智能化财务管理内部控制

第一节　内部控制的概念及其发展

一、内部控制概念的变迁

20世纪初资本主义经济迅速发展，现代企业制度的主要形式——股份公司规模日益扩大，其特征是所有权与经营权分离。根据股份公司的特征，为防止和揭露错误和舞弊，保证会计信息的质量，保证资产的安全与完整，逐步形成了一些组织、调节、制约和监督企业经营管理活动的方法，进而形成了内部控制。从历史角度看，内部控制是一个不断变迁的动态结构。其中，以美国的内部控制理论和实务发展最为先进和完整，具有代表性和权威性。因此，本节主要以美国内部控制为发展主线，将内部控制概念的演变大致分为四个阶段：萌芽时期（20世纪40年代前）、奠基时期（20世纪40年代末至70年代初）、发展时期（20世纪70年代至90年代初）、成熟时期（20世纪90年代至今）。

（一）内部控制的萌芽时期——内部牵制

20世纪40年代以前是内部控制的萌芽时期。当时人们习惯用"内部牵制"这一提法。美国著名审计学家蒙哥马利在其1912年的著作《审计——理论与实践》中已明确地表述过内部牵制的思想。根据《柯氏会计辞典》的解释，内部牵制是指以提供有效的组织和经营，并防止错误和其他非法业务发生的业务流程设计。其主要特点是以任何个人或部门不能单独控制任何一项或部分业务权力的方式进行组织上的责任分工，每项业务通过正常发挥其他人或部门的功能进行交叉检查或交叉控制。该定义隐含的意思是内部牵制是一种制衡，两个和两个以上的个人或部门发生同样的错误的概率很小，串通舞弊的可能性也大大降低。由此可见，这一时期内部牵制主要以查错防弊为目的。内部牵制的思想在管理实践中产生并发展，成为现代内部控制理论中有关组织控制、职责分离控制的雏形，在现代内部控制理论中占据了相当重要的地位。内部控制在内部牵制阶段完成了实践塑造的过程。

（二）内部控制的奠基时期——内部控制制度

20 世纪 40 年代末至 70 年代初，"内部控制"这一术语被正式提出，内部控制分为内部管理控制和内部会计控制。这是内部控制发展的第二阶段，奠定了内部控制的发展基础。

1936 年，在美国注册会计师协会（AICPA）的前身美国会计师协会（AIA）发布的《注册会计师对财务报表的审查》中，首次正式使用了"内部控制"这一专业术语，但它显然将内部控制混同于内部牵制了，即"注册会计师在制定审计程序时，应考虑的一个重要因素是审查企业的内部牵制和控制，这一术语，是指为了保护公司的现金和其他财产、检查簿记事项的准确性而在公司内部采用的手段和方法"。1949 年，美国注册会计师协会发布了一篇题为"内部控制：一种协调制度要素及其对管理当局和独立注册会计师的重要性"的专题报告，该报告首次对内部控制做了权威性的定义：内部控制包括组织结构的设计和企业内部采取的所有相互协调的方法和措施，旨在保护企业资产，审核会计数据的准确性和可靠性，提高经营效率，推动企业执行既定的管理政策。此定义强调内部控制不只局限于会计和财务部门，首次将其伸入管理领域，从而形成管理控制的雏形。

1953 年 10 月，美国注册会计师协会发布的《审计公告第 19 号》，将内部控制首次划分为内部会计控制和管理控制。公告中指出："广义地说，内部控制按其特点可以划分为内部控制和管理控制。"1958 年该协会又发布了《审计程序公告第 29 号——独立审计人员评价内部控制的范围》的报告，进一步阐述了内部控制的"制度两分法"，正式界定了"内部会计控制"和"内部管理控制"的定义及其包含的内容。

1972 年，美国注册会计师协会所属审计准则委员在《审计准则公告第 1 号》中，重新表述了"会计内部控制"和"管理内部控制"的定义，并进行了明确的分类，为企业进行内部控制提供了指导。

在这一时期，推动内部控制发展的主要是审计职业界，所以内部控制就不可避免地打上了审计的烙印。所谓的"两分法"也成为出于审计便利需要之物——注意力仅集中于会计控制的测试，对管理控制鲜有涉及。"两分法"未能完整地反映内部控制所涵盖的内容，也没有考虑控制环境对内部控制制度设计及其实施效果的影响。尽管如此，这些概念的界定和分类仍为内部控制发展奠定了一定的基础，起到了承上启下的作用。

（三）内部控制的发展时期——内部控制结构

20 世纪 70 年代至 90 年代初，内部控制概念演变为"内部控制结构"。这个阶段是内部控制概念演变的第三个阶段，即内部控制的发展时期。

继"水门事件"调查之后，1977 年美国国会通过了《反国外行贿法案》（FCPA）。该法案包括了一些会计和内部控制的条款。自该法案生效以来，内部控制开始在企业中得到广泛重视，与此同时，内部控制制度不足以指导企业的内部控制实务的局限性也随之暴露出来。

1988 年 4 月，美国注册会计师协会发布了《审计准则公告第 55 号——财务报表审计对内部控制结构的考虑》，第一次用"内部控制结构"概念代替"内部控制制度"，规定从 1990 年 1 月起以该公告取代 1972 年发布的《审计准则公告第 1 号》。这份公告中指出，企业的内部控制结构包括为合理保证企业特定目标的实现而建立的各种政策和程序，并指出了内部控制结构包括控制环境、会计制度和控制程序。

内部控制结构与内部控制制度相比有两点差异：首先，内部控制结构将内部控制环境纳入了内部控制的范畴；其次，它不再区分内部会计控制和内部管理控制，而是用控制环境、会计制度和控制程序三要素来代替了。这一概念仍由审计职业界提出，强调了管理者对内部控制的态度、认识和行为等控制环境的重要作用，有助于企业完成既定目标。虽然审计职业界也考虑到了企业内部控制的实际需要，但审计色彩仍然过于浓厚，无法满足企业应对日益复杂的环境风险的需要。

（四）内部控制的成熟时期——整体框架

自 20 世纪 90 年代至今，内部控制研究开始着眼于企业整体及利益相关者，而非完全出于审计便利的需要，逐渐形成了内部控制和风险管理的整体框架，并且逐渐强调内部控制和风险管理框架在实务中的应用。在这一阶段，内部控制逐渐走向成熟和相对稳定。

1985 年，由美国注册会计师协会、美国会计学会（AAA）、财务经理人协会（FEI）、内部审计师协会（IIA）和全国会计师协会（IMA）共同资助成立美国反欺诈财务报告委员会，即著名的 Treadway 委员会。该委员会在成立两年后提交的报告中强调控制环境、行为守则、内部稽核功能的重要性，并重新呼吁管理当局对内部控制有效性提出报告，还为公众公司的管理当局及董事会、会计师、证券交易委员会、主管机关、立法机构及学术界提出了建议。

反虚假财务报告委员会的赞助机构还成立了 COSO（发起人委员会）委员会来制定内部控制指南。1992 年，COSO 委员会发布著名的 COSO 报告，即《内部控制——整体框架》。该报告将内部控制定义为："由企业董事会、管理当局和其他员工实施的，为达成经营活动的绩效和效果、财务报告的可靠性、相关法律法规的遵循性等目标提供合理保证的过程。"此时的内部控制包括五个要素，即控制环境、风险评估、控制活动、信息与沟通、监控。2002 年 7 月 25 日，美国国会通过《2002 年萨班斯—奥克斯利法案》，对财务报告内部控制的有效性的评价和披露的报告进行了相关规定。

2004 年 9 月 29 日，COSO 委员会颁布了最新报告《企业风险管理——整体框架》，定义了企业风险管理，并引入了风险偏好、风险容忍度、风险组合观等概念。COSO 委员会先后提出的《内部控制——整体框架》和《企业风险管理——整体框架》，反映了各利益相关方对内部控制的各种需求，较前期几个概念更为全面、综合和系统，表现为：首次正式提出了内部控制的目标，并在后一框架中把目标扩展到了战略层面；首次专门为企业制定了应用指南；首次糅合了管理和控制的界限；首次全面而明确地阐述了内部控制制定和实施的责任问题等。这两份报告使内部控制概念开始向纵深方向发展。

二、COSO 报告对智能财务内部控制的影响

与以往的内部控制理论研究成果相比，COSO 报告对于智能财务内部控制具有更为重要的指导意义。

尽管 COSO 报告只是站在企业整体角度提出了内部控制建设整体框架，但其方法论意义比较明显，它为企业各个职能部门内部控制建设提供了方法论指导。按照五要素观点构建智能财务内部控制理论体系和实施方案，可以保证智能财务内部控制的建设更加全面、有效。依托 COSO 报告的五要素剖析智能财

务内部控制面临的机遇和挑战，并重视从理论上分析智能财务内部控制架构，指出智能财务内部控制建设的目标和主要内容也是非常有意义的。

我国著名会计学者朱荣恩教授指出，COSO 报告提出的内部控制整体框架只有在内部控制整体框架基础上，以内部控制方法推行内部控制，效果才会更好。他的核心思想是企业建设内部控制不能仅仅停留在整体框架上，而应该在内部控制整体框架的基础上采用具体可行的控制方法建设内部控制制度，只有这样方能取得较好的成效。但是由于 COSO 报告在智能财务内部控制建设理论分析方面的意义不能忽视，故在实际中，可首先运用 COSO 报告的结论分析智能财务内部控制理论框架，然后针对网络财务面临的挑战提出具体实施方案。更为重要的是，为了使智能财务的内部控制方案真正切实有效地发挥作用，需要依托一些最新的信息技术和 IT 设备，并将其和智能财务系统结合起来。只有这样，智能财务内部控制才不仅仅停留在理论层面，也具有应用价值。

三、智能财务内部控制基本要素的变化

前面提到，COSO 报告提出内部控制整体架构由五要素组成。在网络环境下，企业内部控制系统仍由上述五个要素构成，框架体系并未发生实质性的改变。但是每项基本要素的内部构成具有新的内容，表现出新的特征，并带来了新的问题。下面分别就这五个方面论述新经济条件下企业内部控制要素所发生的相关变化。

（一）控制环境

控制环境是指对企业内部控制系统的建立和实施有重大影响的各种因素的总称。根据相关的规定，影响控制环境的因素有管理哲学、组织结构、董事会或审计委员会、人力资源政策与实务、权责分派方式、品行与价值观、胜任能力等。控制环境提供企业架构，塑造企业文化，并影响着组织成员的控制意识，是其他控制要素的基础。在信息技术条件下，企业内部控制环境将发生以下主要变化，这要求管理层树立信息意识，更新控制观念。

（1）在管理结构扁平化时代，内部控制的组织结构发生改变。随着企业的扩张，其管理层次和机构一在发展，结果是组织结构越来越臃肿，管理流程越来越复杂，管理效率越来越低下，企业难以在第一时间对市场做出反应，满足顾客的要求。信息技术的广泛应用使企业组织结构的扁平化成为可能，企业内部控制层次明显减少，但责任更加明确，效率更高。

（2）内部控制的方式与管理观念将发生改变。信息技术的应用产生了强大的竞争力，增强了企业的灵活性。在企业的这种新型扁平式结构中，信息的对等性使得无论信息处于何处，企业内外部人员都能够轻易获得，领导也不再是组织等级的上层，而成为组织行动的中心。信息经济要求并引导着企业组织从机械式向虚拟组织发展演变，这就要求企业的领导层必须学会在一个动态环境中构造组织，既要有利于创造、革新，又能在不断磨合中加强内部控制和向心力。

（二）风险评估

每个企业都面临来自内部和外部的不同风险，风险评估的目的就是分析和辨认实现企业所定目标时可能发生的风险并适时加以处理。信息技术手段的不断应用，在给企业带来风险的同时也带来了控制风险的机会和工具。

（1）风险控制体系的变革，使内部控制的范围加大。在信息技术环境下，虽然企业的整体目标没有改变，但是经济、产业及管理的外部环境与内部因素都发生了变化，伴随业务流程的改变产生了系统的开放性、信息的分散性、数据的共享性。这极大地改变了以往封闭集中状态下的运行环境，从而改变了传统的风险控制内容和方法。例如，强大、复杂的计算机系统增加了企业潜在的风险，这是因为人们的主观判断被忽略，数据处理过于集中，存储的数据可以被不留痕迹地改写和删除；数据的存放形式增加了数据再现的难度；数据处理过程无法观测等。这些新的风险构成了内部控制的新内容。由于新的技术带来了新的风险，所以我们应辨认已发生的改变，并采取必要的行动，扩大控制的范围。

（2）有效利用信息技术，将其作为控制风险的工具。应该明确这样一种认识：风险的存在不是把信息技术拒之门外的理由，应该树立信息意识，更新控制观念，改变思维定式，有效利用信息技术为企业服务。如果把信息技术作为防范风险的工具，并与业务活动有效结合起来，则一个控制良好的电子数据处理系统就能发挥更大的潜力，从而可以减少错误和舞弊的发生，保证企业业务处理活动严格按商业规则进行。因此，我们应该也有可能把信息技术作为强化内部控制的一种有效工具。

（三）控制活动

控制活动是指企业为了保证指令得到实施而制定并执行的控制政策和程序，是针对实现组织目标所涉及的风险而采取的必要防范或减小损失的措施。控制活动包括绩效评估、信息处理、实物控制和职责分工等。信息技术的广泛应用对控制手段也有一定的影响。

（1）信息技术的引入增强了控制手段的多样性、灵活性、高效性，加强了内部控制的预防、检查与纠正的功能。控制的重点由对人的控制转变为对人、机共同控制，控制程序也应当与计算机处理相适应。

（2）信息技术的恰当应用，可以使企业摆脱人员与资源的限制，经济有效地实现内部控制的目标。在新的环境下形成新的控制理念，好的内部控制不应该仅依赖过多的审核人员或复杂的控制程序，也应该依赖信息时代的控制理论和恰当、适用的信息技术。

（3）同时应该看到，随着计算机使用范围的扩大，利用计算机进行的贪污、舞弊、诈骗等犯罪活动有所增加。如储存在计算机磁性媒介上的数据容易被篡改；数据库技术的提高使数据高度集中，未经授权的人员有可能通过计算机和网络浏览全部数据文件，并复制、伪造、销毁企业重要的数据，使得计算机犯罪具有很大的隐蔽性和危害性等。这些活动增加了在信息技术环境下内部控制的难度与复杂性。

（四）信息与沟通

企业在经营与控制的过程中，需要按某种形式辨识并取得来自企业内部及外部的信息，并在组织内部进行沟通，以使员工清楚地获取有关其控制责任的信息，并履行其责任。与现代信息技术结合的信息系统具有开放化、实时化、电子化的技术特点，在内部控制系统中展现出新的特点并发挥新的作用。

（1）在新经济时代，网络连接了企业的各种职能部门，实现了会计和业务的一体化处理，并使会计核算从事后的静态核算转变为事中的动态核算；信息需求者可以获取实时信息，这使得工作在空间和时间上的接近不再是至关重要的问题,这样内部控制可以由顺序化向并行化发展。通过这种方式,可以使企业的设计、制造、销售、工业工程等人员并肩工作，共同控制企业的物流和信息流。

（2）开放的信息系统为内部员工、管理者，以及顾客、供应商等外部团体提供了开放的沟通渠道，有利于内部沟通与外部沟通的进行，使得组织内的员工清楚了解内部控制制度的规定及各自的职责；管理者可以随时掌握内部控制制度的执行与生效情况，并可以从外部信息中获悉关于本企业内部控制功能的重要信息。

（3）由于网络开放的环境很难避免非法侵扰，故会计信息系统很有可能遭受非法访问，甚至黑客或病毒的侵扰。同时，我们应注意新环境下信息系统的信息质量问题。在网络环境下，财务信息的传递借助于网络完成，电子符号代替了会计数据，磁性介质代替了纸张，财务数据流动过程中的签字、盖章等传统交易授权手段不再存在，从而使网络信息的真实性受到质疑。以上这些都对内部控制提出了新的问题。

（五）监控

内部控制的程序化使得内部控制具有一定的依赖性，并增加了差错反复发生的可能性。信息技术的应用使得内部控制具有人工控制与程序控制相结合的特点。这些程序化的内部控制的有效性取决于应用程序，如果程序发生差错或不起作用，由于对计算机系统的依赖性、麻痹大意及程序运行的重复性，会使得失效控制长期不被发现，从而使系统在特定方面发生错误或违规行为的可能性较大。因此，在网络环境下更应注意对内部控制的监控，应由适当的人员在适当的时候及时评估控制的设计和运行情况。

综上所述，信息技术的应用使得内部控制框架的内部构成产生了新的变化，为提高企业内部控制效率、增强内部控制效果带来了新的机会，也产生了潜在的风险。与手工会计系统的内部控制制度相比较，信息系统下的内部控制制度是范围更大、控制程序更灵活多样的综合性控制，是职能部门和计算数据处理部门并重的全面控制，是人工控制和计算机自动控制相结合的多方位控制。

四、智能财务信息系统与内部控制的辩证关系

（一）智能财务信息系统是内部控制的环境

现代网络企业都拥有一个较为完善的管理信息系统，智能财务信息系统是其中的一个重要子系统，其最基本的职能是反映企业一定时期的财务状况和经营成果及现金流量，保证企业各项资产的安全完整。智能财务信息系统提供的会计信息是企业高层管理人员把握企业整体经营风险和财务风险的主要途径。没有智能财务信息系统提供的信息，企业的内部控制将无从下手。

（二）智能财务信息系统必须嵌入内部控制

现代网络企业经营规模日益庞大，社会影响力不断增强，为了准确反映企业财务状况、经营成果和现金流量情况，企业的智能财务信息系统本身已经成为一个非常复杂的系统，故该系统要完善控制程序，同时在其内部应设置相应的控制准则和控制标准。在财务信息系统建设的过程中嵌入内部控制体系是非常重要的，特别是对事项驱动型的智能财务而言。建设流程管理系统，设计实时控制模式和方法是实现智能财务内部控制的重要途径。如果不能在智能财务信息系统中嵌入内部控制的程序和方法，则智能财务的内部控制将无法有效实施。

第二节　智能财务内部控制的特点

一、智能财务的特点

智能财务本身既是一个网络化的会计信息系统，又是一个事项驱动型的会计信息系统。它具有如下特点。

（一）工作环境网络化

智能财务的突出特点是网络工作环境。通常来说，互联网是智能财务有效运行的平台，网络机房和服务是智能财务系统运行的发动机，而数据库则是信息存储和数据处理的核心。

智能财务是对"事项"进行记录、描述和管理的会计信息系统，离不开数据库技术的支持，这是因为数据库是全部事项的信息仓库，是所有操作的数据平台。

（二）计算机设备成为主要的操作工具

智能财务信息系统的操作工具不再是传统的凭证、账簿、笔墨、算盘、计算器，取而代之的是计算机、读卡器、POS机、网络设备及各类办公自动化软件、专业财务软件等。

（三）工作流程网络化

在智能财务信息系统中，所有人员的工作都在一个开放的网络中进行，基本账务处理的流程发生了变化，许多工作均通过网络来完成，诸如网上申报、网上审批、凭证传递、数据更新、信息沟通等网络应用越来越多。

（四）工作效率大大提高

智能财务信息系统借助计算机信息技术将过去烦琐、重复的人工劳动转变为利用计算机自动处理，大大提高了工作效率。随着信息技术的发展，系统软件越来越完善，越来越向智能化发展。减少人工干预，将更多工作程序化，由核算型向管理型、决策型转化是智能财务信息系统发展的方向。

（五）会计信息提供更具个性化

智能财务信息系统改变了传统会计信息系统"会计部门—信息使用者"的单向提供模式，使得信息使用者拥有更多的自主选择权。与传统会计信息系统不同的是，网络财务信息系统强调在不完全了解信息使用者的需求和决策模型的情况下，会计部门应立足于提供与各种可能的决策模型相关的经济事项，由信息使用者根据决策需要对数据进行剪裁，这样更能提高会计信息的决策有用性。由于直接面向使用者，故使用者可以依据自己的需要从企业最原始数据出发进行数据加工并获取信息，同时信息使用者不再仅限于管理人员，还包括众多个人信息用户。显然，这种双向模式使智能财务信息系统赋予了使用者更多自主选择会计信息的权利，极大地提高了会计信息的使用效率，使得会计信息的公开性提高，信息提供更具个性化。

（六）信息共享性大大提高

智能财务面向业务事项本身，改变了传统会计信息系统各个职能部门信息相互隔绝的状态，并将所有信息存储在共同的数据库中，使得会计信息集合程度更高；而且由于财务数据与业务数据具有共同来源，所以各级职能部门均可使用同一数据库的原始数据（当然，对其使用具有严格的权限控制）。除了财务部门的信息共享外，财会部门和单位其他部门也可以通过开发集成数据接口开放和共享一些公共信息，来提高这些公共信息的同一性和准确性。

（七）信息处理及时性提高

在网络环境下，对企业来说，生产、销售、人事、仓储等各个分支部门可借助网络将各自的信息实时传输到企业的统一资源数据库中，再由财务部门实时处理后将相关信息反馈回去，从而可使财务部门和其他职能部门随时保持沟通；在对外公布方面，企业可以通过网络技术在保证自身数据安全的基础上将企业自身动态数据信息实时传送给各相关部门的信息使用者。各种信息使用者通过网络便能实时了解目标企业运营状况，这使得信息处理速度明显提高，智能财务信息系统信息处理的及时性也大大提高。

二、智能财务内部控制的变化

智能财务信息系统的上述特点使得智能财务内部控制和传统会计内部控制相比发生了很大变化，主要表现在如下几个方面。

（一）内部控制环境

对智能财务信息系统而言，由于其完全依靠计算机、网络等进行工作，所以传统的控制环境在智能财务信息系统中已不存在。它的内部控制环境更多是以网络、数据库、信息和数据的传递等虚拟环境为主。

（二）内部控制的范围和内容

对智能财务信息系统而言，内部控制的范围在扩大，其内容也发生了很大的变化。控制范围主要增加了网络控制和系统控制，其中网络控制包括网络的安全、病毒防护等，系统控制包括系统的设计、开发、软硬件的运行维护等。新的控制范围带来了新的控制内容，主要包括网络安全控制、数据库安全控制、病毒防护；系统的设计、开发，软硬件的运行维护，使用权限和口令的控制，计算机数据处理的程序和控制等。

（三）内部控制的重点

网络信息系统自身的特点决定了内部控制的重点与传统会计内部控制有很大的不同。传统会计主要是对人的控制，其重点是凭证和账簿、报表的核对、签字盖章等。智能财务信息系统建立起来后，很多原来需要人工完成的工作转为由计算机程序自动完成，因此内部控制的重点由对人的控制转变为对人、机进行控制，其内容包括网络、系统的安全，数据的备份，会计原始数据的输入，会计信息的输出，人机交互处理控制，会计信息访问权限控制及不同系统间的连接控制等。也就是说，在智能财务信息系统中，除了对会计核算和业务管理的控制外，信息系统本身的控制将是重中之重。

（四）内部控制的手段

由于控制环境的变化、内部控制范围的扩大，智能财务信息系统拥有了全新的内部控制内容，内部控制的重点也转向网络和系统方面，所以内部控制手段也有了很大的变化。传统的会计主要采用的是严格的凭证控制制度。而在智能财务信息系统中，对于网络、系统等方面的控制往往是看不见、摸不着的，这主要靠一些计算机设备和信息技术来实现。同时，业务处理方面的控制主要依靠交易授权、人员权限控制、相关业务的程序化控制来实现。

三、智能财务内部控制的优势及难点

（一）智能财务内部控制的优势

1.交易授权自动完成

在企业管理中，交易授权可确保会计信息系统处理的所有重大交易都是真实有效的，业务都是实际发生而且符合管理当局目标的。交易授权是企业内部控制手段。在传统企业管理中，交易授权通过人为设定控制程序由经办人员执行；在网络环境下，由于企业信息处理高度集成，特别是原来许多通过手工完成的工作被内化于计算机软件中，故通过设定软件和数据使用权限可自动完成交易授权活动。在网络环境下，多数交易授权都可以通过计算机程序自动实现，无需外力介入。

2.监控与操作的分离实现系统的有效牵制

在网络环境下，部门工作人员大大减少，多数工作由计算机自动统一执行，不再需要以多人重复劳动为代价的"多方牵制"内部控制手段。在智能财务信息系统中可以设置操作与监控两个岗位，通过对每笔业务同时进行多方备份，把会计人员处理账务时的操作和结果数据同步记录在监控人员的机器上，有利于监控人员即时审查。通过岗位划分、设定系统权限、使用信息技术便可实现有效牵制。

3.数据处理由系统自动完成，提高了工作效率及准确性

智能财务信息系统一个很大的优势就是把原来手工进行的数据处理工作变成由系统自动完成。在会计人员录入记账凭证后，总账、明细账、日记账等各类账簿都根据凭证内容由计算机自动登记完成；同时，各类报表由计算机根据

设计好的报表格式及计算公式自动计算并填入，这使得工作效率大大提高，数据的准确性也能得到保证。这样，传统会计中账簿、报表的正确性检查在信息系统中就完全没有必要了。当然，这也带来了内部控制方面的一个难点，就是数据的无痕迹修改问题。

4.通过程序控制相关业务流程，实现核算要求，减少人为错误

在智能财务信息系统中，大多数的核算要求、业务流程可以通过系统进行控制。例如，在系统中设置好会计科目的核算内容，则某笔经济业务应该由哪个科目支出，计算机均有严格的控制，违反了控制规则，凭证就无法录入和保存。再如，一些业务流程也可以在系统中设计好，这样计算机就会严格按照程序执行。很多原来由人控制和执行的东西，都可以程序化嵌入系统中，由计算机采严格执行，从而可以避免人为因素的影响，使信息的可靠性大大提高。

网络技术对会计信息系统内部控制的促进和完善远不止以上几个方面。如它在提高会计工作效率、减少人力劳动的同时，可使企业内部控制更加有效。其突出表现是提高了系统内部信息传递的及时性，从而使系统错误可在短时间内被发现，减少了由错误带来的累计损失；使控制措施程序化，减少了人为因素的影响和执行的偏差，提高了效率和会计信息的质量。另外，网络技术使单位各个职能部门之间的资源实现了共享，便于同一笔经济业务的相互核对和稽核。

（二）智能财务内部控制的难点

智能财务信息系统的建立，带来了许多新型的控制技术和手段，使我们的工作越来越快捷和便利，并完善了传统内部控制的含义和内容。但它也带来了许多问题和困扰，具体表现如下。

1.网络安全控制的问题

网络安全问题在人们享受网络服务的同时，一直困扰着人们。目前，各和对系统的恶意攻击、病毒的传播、数据库的侵入等都是通过网络这唯一的途径进行的，而且网络是没有绝对安全的，因此网络安全问题不容忽视。

2.系统和数据安全的问题

智能财务信息系统的安全性问题，归根结底就是系统和数据的安全。硬件设备的损坏可以通过维修、更换来解决，但是数据的损坏和丢失是难以弥补的。在传统会计环境下，所有的会计数据都是用具体的纸质记载下来的，如凭证、

账簿、各类报表等，并且这些数据和资料作为会计档案有着严格的管理制度。但是在智能财务信息系统中，这些文件和信息就很容易被盗用、篡改、破坏，而且不容易被察觉。因此，系统和数据的安全是会计信息系统内部控制面临的又一个难题。

3. 系统维护人员控制的问题

在传统会计中，是不存在系统维护这一岗位的。但是在智能财务信息系统中，它是一个极其重要的岗位。尤其是具有最高权限的系统管理员，他肩负着整个系统的运行维护工作，掌握着系统的各类密码，能够访问系统核心数据库，是整个信息系统安全的守护者。缺乏有效监控的过高权限又使这一岗位成为系统安全的一大隐患，这是很矛盾的一个问题。要想解决这一问题，一方面应提高系统管理员的职业道德水平和专业素质；另一方面应采取有效的控制手段对系统管理员的工作进行监督和控制。

4. 数据修改的问题

会计实行电算化后，数据修改的问题就同时出现了。在现在的智能财务中，这一问题尤为突出。在传统会计中，会计数据的修改有一套严格的制度和操作规范，如记账凭证的修改。一般已经经过复核并登记入账的凭证，是不能直接修改的，需要采用红字冲销法，即将原来的错误凭证冲销后重新填制凭证。又如账簿的登记。如有错误需要采用画线更正法更正，同时账页不能损毁，不能缺页。这些能保证信息的更正都留下痕迹，便于检查和监督。在智能财务信息系统下，很大的一个问题就是数据的修改问题，不论是凭证、账簿，还是报表，由于很多事情都是由计算机自动完成，故数据的修改可以不留下任何痕迹，无法对其进行监控和检查。特别是为了工作方便，一般软件都提供了反过账、反结账功能，即已经入账的凭证可以任意更改，则账簿也会随之自动更正，这使得修改过程没有痕迹，从而给内部控制带来了很多隐患。

5. 各种业务控制实施的问题

在传统会计制度下，财会人员分工明确，有严格的业务流程，每个步骤都需要相关人员签字盖章予以确认。虽然这样做工作量大，比较烦琐，但内部控制制度能够切实得以执行。智能财务信息系统建立起来后，很多工作均由计算机自动完成，原来的签字盖章不再适用，业务处理的过程很难被观测、审核和监控。如何在不影响工作效率、不增加工作量的情况下，实现内部控制制度的有关要求，是智能财务信息系统内部控制具体执行的难点所在，这不仅需要有完善的内部控制制度，更需要信息技术、IT 设备的强有力支持。

第三节　智能财务内部控制体系的设计原则

简单地说，智能财务信息系统内部控制设计的指导思想就是以内部控制理论，尤其是 COSO 报告的内部控制整体框架为依据，发挥智能财务信息系统在内部控制方面的优势，并利用信息技术和 IT 设备解决其面临的难题。

一、智能财务内部控制的设计原则

（一）合法规范原则

智能财务内部控制的设计应当遵循国家有关财经法规及单位自身有关管理制度的要求，以保证每一项经济活动在合法、合规的前提下开展。

（二）成本与效益原则

由于智能财务信息系统自身的特点，内部控制不可能做到尽善尽美，而且相对于传统会计内部控制来说，智能财务信息系统的内部控制在软件和硬件的投入方面也要大得多，因此，需要讲究成本效益原则。一般来说，控制程序的执行成本不能超过可能由风险或错误造成的损失或浪费，基本标准是实行控制的收益应大于其成本，否则再好的控制措施和方法都将失去存在的意义。

（三）针对性强原则

智能财务的内部控制应该有很强的针对性，应该依据智能财务内部控制的优势和所面临的难题，针对内部控制的薄弱环节，找出关键控制点，制订具体的内部控制程序和相应的实施手段。

（四）内控严疏和效率高低协调的原则

单纯从会计工作上来讲，需要最为严格的内部控制。但是如果内部控制实施后使得原本简洁的工作流程变得复杂，工作效率大幅降低，则该内部控制制度并没有可操作性，故应该在这两者之间找到一个最佳结合点。

（五）重要性原则

智能财务的内部控制应该突出重点，照顾一般。在把握事项的重要性方面，应该考虑该事项对系统的影响力、业务性质、金额大小等。

（六）安全性原则

和传统会计内部控制不同，智能财务首要的是安全性问题，其中最核心的就是系统和数据库的安全。系统不安全，就无法正常运转，就不能提供可靠的会计信息。数据库一旦被破坏，其损失将是无法弥补的。

（七）实用性原则

智能财务内部控制的建设是以理论为依据的，但绝非为了研究理论而建设，因此，实用性是非常重要的原则。内部控制的建设不是仅仅制订一个原则并把它挂在墙上，而是能够将其切实有效地贯彻执行。要特别注重将内部控制嵌入到系统中去，并利用各种信息技术、IT 设备等有效的手段来实施它。

（八）一般性原则

一般性原则也就是传统会计内部控制所说的相互制约、职责分离、审批监督等原则，这些原则在智能财务内部控制中依然有效，所不同的是要将它们嵌入系统中去，并将人工控制转换为程序控制。

（九）发展性原则

随着单位情况的发展变化，以及系统的完善和发展，智能财务的内部控制环境也将随之发生变化，控制的关键点和内容也会有所变化。内控建设应该始终关注上述因素变化，定期评估并适时做出调整，以适应企业财务管理的发展需要。

二、智能财务内部控制的整体框架和主要内容

（一）智能财务内部控制的整体框架

对智能财务而言，其内部控制整体框架同样可以依据 COSO 报告的要求来设计，其具体内容如下。

1. 控制环境

COSO 报告指出，控制环境包括：管理哲学、组织结构、董事会或审计委

员会、人力资源与实务、又责分派方式、品行与价值观、胜任能力等方面。对智能财务内部控制而言，最主要的是建立健全组织结构，并根据工作和内部控制的需要设置不同的岗位，并赋予其不同的操作权限。一般来说，操作人员可以分为：财务主管、系统管理员、一般核算人员、管理人员、稽核人员等。权限的分配既要考虑工作的顺畅，又要考虑到相互制约。同时，加强人员的职业道德教育，提高各类人员的专业技术水平也是非常必要的。

2. 风险评估

控制环境和风险评估是提高企业内部控制效率和效果的关键。对智能财务而言，内部控制的研究不可能脱离其赖以生存的环境和单位内外部的各种风险因素，且应分析智能财务内部控制发生了哪些质的变化，以及这些质的变化对智能财务的潜在影响。对智能财务而言，其重要风险点和传统会计相比，发生了很大的变化，主要包括网络的风险、系统和数据库的风险、会计数据修改的风险、由数据存储形式变化带来的风险、由交易授权形式变化带来的风险等。因此，必须从环境因素及其风险成因入手，对智能财务可能存在的各种风险进行全面分析和评估。必要时可设置风险评估部门或岗位，专门负责有关风险的识别、规避和控制。

3. 控制活动

企业应首先根据风险分析，结合业务流程，找出关键控制点，然后对这些控制点设立良好的控制活动。控制活动应该涵盖诸如核准、授权、验证、调节、复核、保障资金安全及权限控制等各项活动。对智能财务而言，控制活动大致可分为网络控制、系统控制、数据库控制、各种具体业务活动控制；还可将控制活动分成事前预防、事中控制、事后审计来具体加以实施。

4. 信息与沟通

智能财务的信息与沟通一般包括会计内部的信息与沟通、会计部门与其他职能部门之间的信息与沟通，有些还包括会计部门和单位外部的信息与沟通。在会计部门内部，信息是通过财务内部局域网来传递的，这些传递和沟通根据具体业务控制等需要，可以是单向的，也可以是双向的甚至是多向的；而且这些信息与沟通是嵌入到系统口，由程序来完成的。对于会计部门与单位其他职能部门之间的信息与沟通，其主要目的是实现各部门之间的信息共享，提高工作效率，提高信息传递和处理的及时性，这一部分主要可以依靠在各部门之间开发数据接口来完成。至于会计部门和单位外部的信息与沟通，主要是指一些基于互联网的网上应用业务。总体而言，对智能财务而言，内部控制中的信息与沟通主要是通过网络，借助信息系统来完成的。

5. 监控

传统的监控一般包括日常内部稽核和审计、自我工作评估等。由于控制环境的变化、风险点的不同、控制活动实现方式的改变以及信息与沟通的网络化、程序化，网络财务监控的内容发生了很大的变化，主要包括对网络平台的监控、对系统整体运行情况的监控、对信息传递过程的监控和对具体业务的监控。除了可借助传统的会计稽核和审计手段外，还可以借助防火墙、安全审计系统、信息系统的实时监控模块等设备和技术来完成监控。

（二）智能财务内部控制的主要内容

基于以上对智能财务内部控制整体框架的分析，我们可以认为智能财务的内部控制主要包括以下内容。

1. 网络控制

网络是会计信息系统运行的平台，网络控制的主要内容是网络安全控制。网络安全方面的威胁主要包括外部网络的安全威胁、内部网络的安全威胁、网络病毒的威胁等。

2. 系统控制

系统控制包括信息系统的开发控制、维护控制，对服务器、客户端的运行控制，系统身份认证和权限控制等。

3. 数据库控制

智能财务最重要的就是数据库的安全。这部分的控制内容主要包括数据库安全防护、数据库操作权限的控制、数据库使用变动情况的实时监控和事后审计、数据库的备份和恢复机制等。

4. 具体业务控制

具体业务控制主要是涉及财务管理中业务流程的具体工作控制。它包括岗位设置、职责分工、授权批准，以及信息输入控制、信息流程控制、数据处理控制、数据输出控制、重要业务的实时监控等。每个单位根据自身信息系统的具体情况和要求，会有不同的控制内容。

（三）智能财务内部控制的目标

智能财务内部控制的目标，可概括为以下六个方面。

1. 确保系统的合规合法

信息系统与手工业务操作一样，其本身及其所处理的经济业务必须符合国家的有关法律、法令、方针、政策，以及有关部门颁布的各种规章制度、条例等，如现行的会计制度、财务制度等。因此，在设计系统的过程及系统运行阶段，必须建立适当的内部控制，确保系统及其所处理的经济业务合规合法。

2. 保证系统处理数据的正确无误

保证系统处理数据的正确性，是智能财务内部控制的基本目标。为了保证系统处理数据的正确性，在系统设计过程中，要注意设计程序化的控制，如平衡控制、合法性控制、综述核对控制、合理性检验、纠错系统检验、输入数据类型检验、顺序检验等。在系统运行过程中，要对数据输入环节进行严格的控制，以确保输入数据的正确性。

3. 提高系统的安全性

保证计算机系统的安全可靠，是系统能够正常运行的前提和基础。因此，在系统正式投入运行之前，就应考虑系统的安全性。应通过建立严密完善的硬件、软件和数据安全措施来保证系统安全、可靠。

4. 提高系统运行的效率

信息系统的运行效率在很大程度上取决于输入数据的速度。因此，在系统输入设计中，可采用适当的控制设计技术，提高系统输入的效率。例如，在智能财务信息系统中，可用计算机自动生成凭证编号，以编码的形式输入会计科目，规范摘要的格式，用代码输入常用的摘要等。

5. 提高系统的可维护性

系统维护工作不仅量大而且复杂。可维护性是指系统易理解、易修改和扩充。为了达到这一控制目标，从系统开发工作开始，就应该考虑到今后的维护工作。在系统开发过程中，必须对系统开发的每一个环节进行严格的管理和控制。

6. 增强系统的可审计性

所谓可审计性，是指有能力、有资格的审计人员，能够在一个合理的时间和人力限度内，对系统的正确性和可靠性等做出公正的评价。影响计算机信息系统的审计线索既容易被销毁，也容易被篡改，若设计时考虑不周，则很难进行事后审计。因此，只有在计算机信息系统的输入、处理和输出等设计环节采取适当的控制措施，如在智能财务信息系统中设立总账、明细账、记账凭证等各种数据库，才能保留各种审计线索，便于对后续会计数据进行追踪审查。

第四节　智能财务内部控制的实现

一、网络控制

对网络控制而言，网络安全是其最主要的控制内容。

（一）网络安全面临的主要威胁

（1）网络机房的安全。

（2）各种病毒的破坏。

（3）内部用户的恶意攻击、误操作等造成的系统破坏。

（4）来自外部网络的攻击，具体有以下三条途径：①黑客的恶意攻击，窃取信息；②通过网络传送的病毒和 Internet 中的电子邮件夹带的病毒；③来自 Internet 的 Web 浏览可能存在的恶意 Java/ActiveX 控件。

（5）缺乏有效的手段监视、评估网络系统和操作系统的安全性。目前常用的许多操作系统均存在网络安全漏洞，如 UNIX 操作系统、Windows 操作系统。

（二）网络控制方法

网络控制方法主要有以下两种。

1. 配置硬件设备

主要是指加强控制中心（网络机房）的安全建设，配置硬件防火墙、入侵检测设备防病毒网关等网络安全防护设备和网络版防毒软件。

2. 加强制度建设

对于网络控制，除了部署安全防护设备外，还应加强制度建设，如机房管理制度、网络管理制度、设备管理制度等。

二、系统控制

系统控制主要包括对操作系统和各类应用系统的控制。对系统进行控制时，除了利用信息技术设备外，还应加强安全管理制度的建设。

（一）操作系统控制

操作系统是整个智能财务运行的平台，其安全性至关重要，因此系统控制首先应做好操作系统的内部控制。由于操作系统面向所有的用户，再加上自身的缺陷，所以它时刻面临着来自各方面的潜在威胁，包括系统内部人员的滥用职权、越权操作和系统外部人员的非法访问甚至破坏，还包括各类针对操作系统的网络攻击，以及各种各样通过操作系统破坏整个智能财务信息系统的计算机病毒等。要提高操作系统的安全可靠性，除了要尽可能地选用安全等级较高的操作系统产品，并经常进行版本升级外，还应在日常管理控制上采取以下措施。

（1）指定专人对系统进行管理，删除或者禁用不使用的系统默认账户。

（2）制订系统安全管理制度，对系统安全配置、系统账户及审计日志等方面做出规定。

（3）对能够使用系统工具的人员及数量进行限制和控制。

（4）定期安装系统的最新补丁程序，对可能危害计算机的漏洞进行及时的修补，并在安装系统补丁前对现有的重要文件进行备份。

（5）根据业务需要和系统安全分析确定系统的访问控制策略。系统访问控制策略拥有控制分配信息系统、文件及服务的访问权限。

（6）对系统账户进行分类管理，权限设定应当遵循最小授权要求。

（7）对系统的安全策略、授权访问、最小服务、升级与打补丁、维护记录、日志及配置文件的生成、备份、变更审批、符合性检查等方面做出具体要求。

（8）规定系统审计日志的保存时间，为可能的安全事件调查提供支持。

（9）进行系统漏洞扫描，对发现的系统安全漏洞进行及时修补。

（10）明确各类用户的责任、义务和风险，对系统账户的登记造册、用户名分配、初始分配、用户权限及其审批程序、系统资源分配、注销等做出规定。

（11）对账户安全管理的执行情况进行检查和监督，定期审计和分析用户账户的使用情况，对发现的问题和异常情况进行相关处理。

（二）应用系统控制

应用系统控制包括系统开发控制和系统运用维护控制。

1. 系统开发控制

（1）系统方法控制。由信息化管理部门具体负责系统方案的制订。他们首先要到相关部门进行充分的调研，做出详细的需求分析。在方案设计出来后，由相关领导、信息管理部门、系统使用人员等对功能实现情况进行讨论，并进行项目可行性和实用性的研究和分析后再确定开发方案。

（2）开发过程控制。如果是自主开发，首先要明确各个阶段的任务、人员分工、文档编制等内容；其次要求开发工具、开发文档编制标准化和规范化，这样有利于系统开发的分工合作和今后的运行维护。每一个阶段的工作结束后，要形成阶段开发报告，经论证审定后才能进入下一阶段，并作为下一阶段的依据。如果是委托软件商开发，应与软件商签订开发协议，明确知识产权的归属和安全方面的要求，并做出详细的要求报告。

（3）系统测试和验收控制。在网络环境下，应利用网络在线测试功能，检验整个系统的完整性、可靠性，并对非法数据的容错能力、系统抗干扰能力和发生突发事件的应变能力及系统遭遇破坏后的恢复能力进行重点测试，以及核实既定控制功能能否在系统中得以有效实现。一旦发现网络系统中的各类软件存在漏洞，应立即进行在线修补与升级，并将所有与软件修改有关的记录报告即时存储归档。

在系统正式使用前，应组织专家、软件商、使用单位进行系统验收，形成验收报告。验收内容主要包括系统是否安全，是否达到设计方案和合同规定的功能要求，系统技术文档是否交付完整，软件包是否经过检测且不含有恶意代码。

2. 系统运行维护控制

（1）系统的运行维护由系统管理员负责，除此之外不得再有其他登录系统的账户和密码。

（2）系统工具只能由系统管理员进行控制，并由他负责系统安全配置、系统账户及审计日志等的管理。

（3）应定期安装系统的最新补丁程序，对可能危害计算机的漏洞进行及时修补，并在安装系统补丁前对现有的重要文件进行备份。

（4）其他控制内容与操作系统控制类似。

3. 设计 USB-Key 的数字认证体系，实施系统内部控制

该系统主要用于数据库的身份认证、权限管理。通过 USB-Key，能实现多种控制模式，这对建设统一的数字认证门户、控制数据库的访问、保证数据安全、监督系统管理员的工作有着重要的作用。

（1）什么是 USB-Key？简单来说，USB-Key 就是具有 USB 接口的硬件数字证书，它是与 PKI 技术相结合开发的符合 PKI 标准的安全中间件。利用 USB-Key 来保存数字证书和用户私钥，并对应用程序开发商提供符合 PKI 标准的编程口（如 PKCS#11 和 MSCAPI），有利于开发基于 PKI 的应用程序。作为密钥存储器，USB-Key 自身的硬件结构决定了用户只能通过厂商编程接口访问数据，这就保证了保存在 USB-Key 中的数字证书无法被复制，并且每一个 USB-Key 都有 PIN 码保护，这样 USB-Key 的硬件和 PIN 码便构成了可以使用证书的两个必要因子。如果用户的 USB-Key 丢失，获得者由于不知道该硬件的 PIN 码，也无法盗用用户存在 USB-Key 中的证书。与 PIN 技术的结合使得 USB-Key 的应用领域从仅确认用户身份，扩展到了可以使用数字证书的所有领域。

（2）基于 USB-Key 的数字认证系统的实现手段。

①制作 USB 接口的硬件数字证书。

②将"用户号＋密码"的认证方式改为"数字证书＋用户号＋密码"。

③建立一个信息系统数字认证软件，对所有应用系统和数据库进行集成认证。

④该硬件证书应包括使用人的基本资料（如姓名、性别、科室、所在工作组等）、财务软件的进入权限、财务软件的具体操作权限。

⑤可以修改该硬件证书使用人资料，但权限仅由所在工作组确定。

（3）智能财务信息系统的数字认证设计。

①智能财务信息系统的内部控制依托硬件数字认证实现。

②一般操作使用单证书认证，重要的操作使用双证书或三证书同时认证。

③将工作组分为财务负责人、系统管理员、单一软件主管、复核、审核（业务操作员）、查询。

④系统管理员、单一软件主管工作组的成员由财务负责人进行认定和调整，复核、审核（业务操作员）、查询等工作组的成员由单一软件主管进行认证和

调整，财务负责人不具有具体业务操作权限。

⑤系统管理员负责整个信息系统的维护，但不具有具体业务操作权限。

⑥数据库操作、数据初始化等由系统管理员具体执行，但需要财务负责人、单一软件主管和系统管理员的数字证书共同认证后才可进行，并在系统日志中予以记载。

⑦重要的业务操作（由涉及的金额、性质区分）需由业务操作人员和软件主管双证书共同认证后才能执行，或者由业务操作人员预执行，再由软件主管或者财务负责人复核认可后转为正式数据。

三、信息控制

对智能财务而言，保证数据安全和实行正确的信息控制是最为重要的。信息控制主要包括以下两个方面的内容。

（一）数据库的内部控制

在智能财务中，数据库的安全是重中之重，因此，对于数据库的控制应该十分严格。

（1）对数据库的操作只允许通过客户端软件进行，没有特殊原因，任何人不得进入后台数据库。

（2）建立数字认证系统，将数据库的访问模式设计为"USB-Key+用户名+密码"，以加强数据库访问的权限控制。

（3）对于特殊原因需要直接进入后台数据库的操作，需由财务主管审批，并持财务主管的硬件证书和系统管理员证书共同进行身份证后才能进入。

（4）禁止数据库的远程访问，软件商的维护人员不得自行进入后台数据库，如工作需要，需由系统管理员通过审批后执行。

（5）配置数据库审计系统，对重要的数据库操作进行实时监控，设置异常操作报警机制，同时记录日志作为日后审计的凭据。

（6）每周整理数据库审计记录，对进入后台数据库、未经客户端的数据修改进行重点审查。

（二）数据的备份和恢复

由于智能财务的信息都是采用电子数据进行存储的，故必须建立一套备份与恢复机制，以确保出现自然灾害、系统崩溃、网络攻击或硬件故障时数据能够得到恢复。备份和恢复系统应具备以下条件。

（1）支持大容量存储。

（2）支持异地备份和恢复。

（3）具有跨平台的备份能力。

（4）支持多种存储介质和备份模式。

（5）支持自动恢复机制。

（6）对数据库服务器建立双机热备系统。

在完善数据库备份与恢复的硬件和软件系统的同时，建立严格的数据库备份与恢复管理制度是非常必要的。管理制度主要应该包括以下几个方面的内容。

（1）应识别需要定期备份的重要业务信息、系统数据库及软件系统等。

（2）应规定备份信息的备份方式（如增量＝备份或全备份等）、备份频度（如每日或每周等）、存储介质、保存期等。

（3）应根据数据的重要性和数据对系统运行的影响，制订数据的备份策略和恢复策略。备份策略应指明备份数据的放置场所、文件命名规则、介质替换频率和数据离站运输方法。

（4）应指定相应的负责人定期维护和检查备份及冗余设备的状况，确保需要接入系统时能够正常运行。

（5）根据设备备份方式，规定备份及冗余设备的安装、配置和启动的流程。

（6）应建立控制数据备份和恢复过程的程序，记录备份过程，并妥善保存所有文件和记录。

（7）应根据系统及备份所采用的方式和产品，建立备份设备的安装、配置、启动、操作及维护过程的控制程序，记录设备运行过程中出现的状况，并妥善保存所有文件和记录。

（8）应定期执行恢复程序，检查和测试备份介质的有效性，确保可以在恢复程序规定的时间内完成备份的恢复。

四、业务流程的实时控制

（一）实时控制理论模型

由于事项驱动型的智能财务是业务流程和信息处理流程的集成，加之在网络环境下，业务活动的自动化处理代替了人工处理，存储介质也由磁介质代替了纸张，所以在对待如何完成对交易数据的正确获取这一目标上，就不能采取事后进行一致性检查等传统控制手段。又由于业务是通过网络实时发生的，人员干预的成分较少，故必须实施事中控制，即实时控制。由于已识别事项驱动型智能财务的有关风险，因应该在风险发生时尽可能地控制它，并对业务的合法性和合理性进行充分检查，使之符合既定的业务规则。这不仅需要在业务或信息处理发生时检查和管理与事项相关的规则、政策，还需要将控制程序化，即在系统的设计和开发阶段把控制规则编写成源程序代码，并嵌入业务事件的执行过程中，使各项控制由计算机自动完成，从而降低错误和舞弊发生的可能性。当然，在网络环境下，要使人们正确树立会计实时控制观念，还必须进一步研究智能财务的流程再造、实时控制方法、实时控制模式等理论问题，不断丰富和完善智能财务实时控制系统，使其高效、安全、正常运转，最终保证智能财务实时控制目标实现。

（二）会计流程再造

1.会计流程再造的意义

在智能财务中，传统的会计业务流程已无法适应，因此，"流程再造"是必要也是必需的。所谓"流程再造"，就是指利用技术改变传统会计中的管理流程、业务流程及会计流程，并将这三种业务流程集成，以实现会计的实时控制。它的实质就是采用所谓的基于"事项驱动"方式，再造传统会计和信息系统的业务流程。在智能财务中，这种基于"事项驱动"方式的会计业务流程有以下几个特点。

（1）实现了源数据库的共享。这种系统结构将物理上分散的企业的多个数据库在逻辑上集中，并支持不同层次、综合性的信息需求。经过标准编码的源数据信息，可以满足企业外部所有信息使用者的需求，使数据库真正做到同出一源，实现共享。

（2）业务流程、会计流程（信息流程）、管理流程之间能够紧密合作，各部门之间信息不协调的状态可以得到缓解。

（3）提供实时财务报告。由于信息处理与业务活动的执行过程是同步的，能够实施会计的事中控制，且系统能就违反规则的活动实时地向负责人发送异常情况报告，或者阻止舞弊活动的执行，故可使系统预防风险的能力大大提高。

2. 建立财务业务一体化流程

不管是传统会计，还是目前普遍使用的会计信息系统，其会计流程的起点主要还是依据经营活动发生时的各类原始凭证编制录入记账凭证，实际上仍然是事后算账。要实现智能财务的实时控制，打破传统会计流程，充分发挥网络信息技术的优势，建立起财务业务一体化流程是非常必要的。

3. 财务业务一体化平台的实现

（1）充分利用网络平台和信息技术。网络平台是信息共享的基石，数据库、电子商务等信息技术的发展和不断完善是财务业务一体化流程得以实现的强有力的支撑工具。充分利用网络平台和信息技术，可以为实现实时获取信息、实时控制业务事项、实时生成信息、实时报告信息的全新流程打下坚实的基础。

（2）数据的存取和管理。财务一体化流程包括三个基本库，即业务事项数据库、模型库和方法库。三库通过中间的信息处理器进行数据的存取和管理，为企业财务运营、控制和决策提供依据。当业务事项发生时，探测器（信息系统中的事项获取模块）会实时获取事项信息，将所有原始数据适当加工成标准编码的源数据；同时记录业务事项的个体特征和属性，并将它们集成于一个业务事项数据库中，而不是任由数据分散、重复存储于多个低耦合系统中。业务事项数据库不仅记录符合会计事项定义的业务事项，而且记录管理者想要的计划、控制和评价的所有业务事项，还存储业务活动中的多方面细节信息，任何授权用户都可以通过它所存储的数据来定义和获取所需的有用信息。

方法库是财务决策得以实现的一个基础，系统要求有一个完善的方法库以进行有效支撑。方法库用于存放信息提取规则、业务处理规则和控制规则，以及不同的确认和计量规则。在信息使用者使用会计信息时，系统可以根据不同目的，选择不同的确认和计量规则，并将其组合成与信息使用者决策最相关的会计信息内容。此外，方法库中也包括一些基本数学方法、数据统计方法、经济数学方法、预测方法、评价方法、优化方法、仿真方法、决策方法及投入产出方法等。

模型库是分析问题、提供合理决策方案的基础。模型库中存放着用户求解问题所需的各种模型，如专用模型、通用模型及在求解问题时所建立的临时模型等。该模型库可以设想模型的生产、组合、运算及模型的增、删、改一体化运作，模型库中的模型主要分为类汇总模型、财务报告模型、财务分析模型、预测模型、决策模型等。技术人员采用事项驱动的原理，将模型库与业务事项数据库相连接，在事项驱动的方式下，可以把信息使用者所需要的信息按动机不同划分为若干事项，并可为每一种事项设计相应的过程程序模型。当决策者需要某种信息时，系统相应驱动不同事项程序，即可得到相应信息。

（三）实时控制方法

完成了会计流程再造后，实现智能财务的实时控制便可成为可能。在网络平台和信息技术的支持下，可通过识别结构化控制规则和非结构化规则来设计不同的内部控制方法，并在信息系统开发时将一些规则嵌入系统中，或者设计一些管理控制模块，并将其和信息系统结合起来以完成实时控制。

1.结构化控制规则程序化

在会计数据库处理过程中，判断会计数据处理是否正确是根据结构化规则进行的，其基本规则包括以下几种。

规则1：有借必有贷，借贷必相等。

规则2：资产＝负债＋所有者权益。

规则3：上级科目余额＝其下属明细科目金额之和。

规则4：未审核凭证不允许记账。

规则5：审核人与制单人不允许为同一人。

上述规则是会计数据处理中的基本规则，也是"不相容职务相互分离控制""授权批准流程控制"等控制方法的具体体现。事实上，规则远不止这些，人们一直在不断探索、不断丰富和完善规则，以使会计处理流程更加规范。

2.设计业务流程管理模块

为了实现智能财务的实时控制，可结合再造后的新业务流程，设计出流程管理模块，并将其与会计信息系统相结合以完成内部控制工作，设计业务流程管理模块的目的在于不因为实施内部控制而影响业务流程的流转，降低工作的效率。该模块内嵌于信息系统中，可以实现信息的单向、双向、多向传递，可在线实时完成业务处理申请、处理结果批复，保证信息系统传递的时效性和授权审批等手段的实现。

业务流程管理模块主要包括如下一些功能模块。

（1）采购管理模块。采购管理模块主要用于实时获取从采购订单、出货、处理采购发票等采购活动中的各种信息，并应用控制标准（如采购价格标准、采购费用预算等）、控制准则（如采购价格审批准则、采购发票控制准则等）以达到对供应商选择和确定采购订单价格、处理采购发票等一系列活动实时控制，为企业最大限度地降低采购成本、提高经营效率提供支持。

（2）销售管理模块。销售管理模块主要用于实时获取从销售合同签订到结束全过程的经营活动信息，并应用控制标准（如信用额度、销售费用预算等）、控制准则（如赊销控制准则、销售价格控制准则等）对销售订单价格进行严格控制、指导，约束销售行为，动态控制产品的分配量、现存量、不可动用量、在途量等，在提高资金流量和流速的同时，保证企业经营目标的实现。

（3）库存与存货管理模块。库存与存货管理模块主要用于实时获取物料入库、出库、盘点、报废及结存等信息，并应用控制标准（如各种存货的最高储量、存货最长储存期、标准用量等）、控制准则（如超储或缺货控制规则、超出最长储存期的扣款规则等）实时控制存货的流量和流速，最大限度地降低库存资金占用率，提高存货周转率。

（4）成本管理模块。成本管理模块主要用于实时获取成本中心信息、每道作业的信息，并应用控制标准（如材料成本、产品成本、作业成本等）、控制准则（如各种价差控制规则、各种量差控制规则、各种成本动因的控制规则），在实施标准成本控制和作业成本控制的同时，最大限度地降低作业成本、产品成本，提高企业经营效益。

（5）财务管理模块。财务管理模块主要用于实时动态地获取企业经营过程中的个人和部门费用、现金流入、现金流出等信息，应用控制标准（如利润中心控制标准、费用中心控制标准、资金预算等）、控制准则（如个人借款限额规则、部门费用和总额费用规则等）严格按照预算对费用和资金进行实时控制，提高资金周转率，降低各种费用，最大限度地提高企业的经营效益。

针对以上各类业务，应制订相应的业务流程，在每个流程中规定各种业务的处理规则，并将其与业务流程管理模块相结合，以达到实时控制的目的。

3. 通过数字认证体系进行权限控制

权限控制法是指企业高层管理者给予企业员工或部门一定的权利和责任，限定其活动范围，防止无权限人员对经营活动进行非法处理的控制方法。权限控制法也是授权批准控制法。在经营过程中，应用权限控制法能够使会计控制系统在有效的控制下正常运行，并能严格执行内部控制制度，保证系统的安全性和保密性。在实施权限控制法时，也需应用相应的结构化规则来指导、协调、约束经营活动。其基本规则是当某项经营活动或事件发生时，如果某人有权限，则可以处理该事件，否则不允许处理。权限控制法从控制内容看，既涉及财务事件，也涉及业务事件控制权；从控制范围看，既涉及某一具体事件，也涉及整个流程的控制权。

4. 建立实时监控系统

在智能财务实时控制中，对各类重要业务和事项进行实时监控是非常必要的，因此，建立业务事项的实时监控系统至关重要，其具体内容如下。

（1）通过与各子系统的集成数据接口实时提取数据。

（2）对于需要监控的数据，根据各子系统通过业务事项的重要程度设置数据提取的条件。

（3）业务监控系统向不同级别和权限的人员实时提供相应的监控信息。

（4）在数据达到时进行实时信息提示。

（5）具有权限的人员登入业务监控系统后，未阅读的监控信息会自动提示阅读。

（6）对提取的监控数据存档备查。

综上所述，在智能财务中，优化和再造业务流程后能够将控制规则嵌入会计控制系统，使计算机能严格按照控制规则进行实时控制。这样不仅弥补了人工控制的缺陷，规范了经营活动，而且对发挥财务对经营活动过程的实时控制，实现提高企业经营效率和效益的目标起到了推动作用。

第九章 财务管理智能化实现探索

第一节 财务分析智能化的实现及应用

一、财务分析智能化的技术实现

一般的决策支持软件通常隐含着至少一个假设，即"其他条件不变"。这个假设条件的存在虽然使软件编写变得容易运行，但却使软件运行成果和企业的实际情况相去甚远。财务分析的智能化，应该借助于计算机技术，将企业的实际数据和决策模型动态链接起来，使过去的"其他条件不变"假设变成"其他条件已知并随经营状况的变化而变化"。这一改变使分析模型和软件的运行建立在企业实际数据的基础上，建立在数据与分析模型、分析方法动态链接的基础之上，能够有效实现人机互动，使会计人员摆脱手工分析的时代，计算机替代人脑进行分析判断，自动生成图文并茂的财务分析报告，真正实现快速决策和准确决策。

财务分析智能化系统，从外部通过建立接口导入数据之后，存储到数据库之中，供用户和系统调用。用户选择分析指标、分析报告内容驱动分析模块，执行分析推理过程。在分析推理过程中，要使用知识库中效应模块的分析模型和分析经验，某些分析判断还需要借助于分析参数。分析推理运算生成分析结果文字、图和表，再根据用户定义的报告输出内容和格式，经过报告生成器生成分析报告。

系统根据企业的财务报表数据，自动生成一个分析和评价企业经营和财务状况的图文并茂的报告。用户可以借助于该系统，设计撰写一份自己所需的财务分析报告，这样能够省去大量重复性的数据查找、指标计算、图表制作和报告文字撰写等工作。系统主要实现的智能化的功能有以下几种：①自动导入财务数据，生成财务分析报告；②可以进行年度、季度、月度和半年度分析，实现任何两期或三期的分析，生成环比分析报告和基期比分析报告；③可生成财务各个方面分析、内容分析、指标表和指标图，可自定义分析指标和分析报告；④可快速出具图文并茂、内容规范、繁简任意、格式可自定义的分析报告；⑤可对分析报告进行个性化编辑和修改。

历史经验表明，发展最快的企业是那些在企业管理方法、技术上获得了重大突破，首先采用适应时代要求、先进的企业管理技术的企业。从发展趋势上看，智能化财务分析是种客观需求，是财务由核算管理型向管理核算型转变的标志之一。财务分析智能化软件系统的推广和运用，将使财务部门的分析工作更加高效和准确，并为企业的科学决策提供准确的、科学化的财务依据。智能化财务分析软件系统把专家学者的知识和科学方法用计算机软件固定下来，并能够让企业直接使用，使我们在工业化、信息化发展的同时，走智能化道路。

二、财务分析智能化系统的应用

（一）在企业中的应用

企业经营者、董事会成员、监事会成员、证券投资人员、银行信贷管理人员、企业财务管理部门、集团公司成员企业管理部门、政府机构、会计师事务所、管理咨询机构均是智能化财务分析系统的使用者。国内目前已有上万家企业单位使用了由北京智泽华软件公司出品的《智能化财务分析系统》。

传统财务管理系统虽然解决了自动记账、出表和一些会计数据的汇总统计工作，但仅仅是一种简单机械操作的替代，而对财务报告分析这一涉及专业技能的综合性工作，只能靠人工来完成。所以一到月末年初，财务部经理等企业管理层人士，就不得不在完成日常事务性工作的同时挑灯夜战，归集、整理、完成报表数据的翻译和解释，即完成仅能满足企业经营者单一需求的财务分析报告的编写工作。

其实，对同一企业的同一份财务报表，不同的报表使用者会得出不同的结论，因为他们的立场不同，对企业关心的角度不同。智能财务分析系统允许同一使用者以不同身份、从不同角度对同一企业的财务状况和经营成果进行审视，并做出不同的财务分析报告。这如同给企业的高级经理们提供了一面多棱镜，使他们可以从各个不同的侧面观察企业的外部形象并制订相关政策和策略。这极大地提高了企业的工作效率，使财务管理系统更好地为企业管理和决策发挥辅助作用。

系统直接从企业的财务管理信息系统中抽取数据，同时支持 Excel 报表的导入功能。在导入财务报表数据之后，一分钟之内可生成一个内容全面、结论准确、图文并茂的财务分析报告。在实际分析中，财务分析智能化利用图表展现、文字描述等手段对收入（总收入、各单位收入、内外部收入）、成本、费用、税金、利润等方面进行深入分解分析；同时，对成本习性、盈亏平衡点、营业安全水平、财务敏感性、资金状况预警等方面都结合全面的财务数据进行挖掘分析；最后出具一个上百页的图文并茂的财务分析报告，全面展现企业财务状况。

当用户将原始数据导入系统后，系统还可自动调用同比增减数、增减变化率、完成预算百分比等数据，生成自定义分析报告或表格，并能够实现各类财务指标的定义和计算，形成完整的财务指标体系。系统自动判断并选取影响收入利润变化的前几个原因，并运用因素分析法分析销售量、销售单价对收入的影响。系统可从市场、产品、客户多个角度分析收入、利润的完成情况，可对所分析的内容与预算进行对比或与上年同期的分析进行对比。

用户可任意组合更改分析报告内容的顺序、表格样式和图的表现形式等，同时设计了灵活的数据接口和人机对话窗口以适应不同分析的需要，支持Word、PPT、HTTP 格式；用户可自由增加企业希望分析的项目，自定义分析的文字模板、图形模板、表格模板等；用户可针对不同分析报告需求者，定义不同的报告模板，分别提交给上级部门、单位领导和不同需求的分析人员。

系统设置了财务分析工作中常用的基本模板，同时支持自定义。通过生成报告管理功能，用户可将已建立的文字、图、表等分析模板组合成一个新的图文并茂的大模块，并可将这个新组建的报告模块提交给相关人员审批。通过报告管理功能，可将经审核批准的报告模块组合成一篇完整的报告，并对这个报告模板进行管理，将已经组合完整的报告通过"生成报告"功能，以 Word 和PPT 格式生成。用户可根据需要任意组合文字、图表，以适应不同分析的需要。

系统采用 B/S 架构，支持网络运行，数据共享，便于安装、实施和维护，还具有操作简单易用性、权限分配合理性等特点。用户通过网页浏览方式在各用户权限范围内操作系统，而且整个系统可实现轻松升级，只需在服务器安装升级程序即可完成。

（二）在金融领域的应用

银行信贷部的工作既繁忙、责任又重大，因为许多不良贷款项目用假报表蒙骗了信贷员。在银行信贷部门推广使用智能财务分析方法之后，信贷部经理的梦想变成了现实，只要一得到贷款企业的财务报表，利用智能财务分析就可以立刻得到具有专业水平的财务分析报告。这不仅大大提高了工作效率，也减少了因信贷人员知识结构或主观随意性对贷款者基本财务报表分析的误差。运用本系统可解决信贷人员专业知识的不足，提高银行的信贷资产质量。目前中国已经有 100 多家银行机构使用了北京智泽华软件有限公司开发的《智能化银行信贷风险预警系统》。

智能财务分析系统同样可以作为投资者的参谋，有了它投资者就可以轻松地对上市企业的财务状况和经营成果迅速做出深入全面的分析判断。它是投资者手中的显微镜和放大镜，因为它善于发现问题和揭示隐含在抽象数字背后的规律，激发人们进一步调查问题的原因。投资者访问智能财务分析服务网站，只要敲入某上市公司的股票号码，就可以立即得到该公司的近期财务分析报告。由于这种分析报告既不是上市公司自己"粉饰"过的，也不是券商"包装"过的，而是计算机根据财务分析专业知识，由第三者的中立立场做出的，所以更具有特别的意义。

总之，财务分析的智能化提升了计算机财务管理系统的目标，丰富了计算机财务管理系统的功能，完善了计算机财务管理系统的结构，使财务管理系统面向管理决策，并有效地利用 IT 提高会计模型的使用价值，使得财务管理系统在性能上发生根本变化，财务管理系统具有更多"人性"已经成为现实。

第二节　财务决策支持系统智能化

一、人工智能背景下财务决策支持系统机制构建

（一）新系统功能与结构

新系统由数据层、分析层和交互层三部分组成。

数据层主要进行数据收集、清洗、挖掘以及存储工作。借助自动数据传输

程序以及自然语言处理技术，可以快速获取本地数据库中存储的业财信息、审计信息、信用信息等内部决策有用信息，以及在互联网上公开的政府政策信息、税务信息、汇率信息、市场信息、法律信息、宏观经济信息等外部信息。这些海量异构数据被进行数据清洗和挖掘，从而形成多维度的决策有用信息，并被分类存储在数据仓库中。数据仓库为人们对新系统的深度学习和财务决策提供强大的数据基础，同时数据的提前处理和分类汇总也为财务决策制订的及时性提供保证。

分析层负责开展财务分析、财务预测和财务决策活动。财务分析是开展财务预测和决策的基础，财务决策依赖于财务分析和财务预测的结果。分析层包含知识库、方法库、模型库及其各自的管理系统以及人工智能分析系统。知识库中存储各类财务知识、常识及推理规则等数据，方法库中存储财务分析、预测及决策方法，模型库中存储财务分析模型。三个数据库的管理系统一方面负责接收人工智能分析系统的指令，从相应的库中调取所需知识、方法和模型；另一方面嵌入深度学习算法，在后台自动进行新知识、新方法和新模型的建立及对已有知识、方法和模型的改善，从而及时更新知识库、方法库和模型库。人工智能分析系统负责接收人机交互系统传达的财务决策目标，并据此向各库管理系统和数据仓库发送指令，以及对接收数据进行分析，最后将结果反馈给人机交互系统。人工智能分析系统中包含若干嵌入深度学习算法的推理机，这些推理机一部分负责根据财务决策目标确定所需知识、方法、模型和画像的种类，另一部分负责进行财务分析以生成各类画像，还有一部分负责财务预测和决策的生成。

所谓"画像"，是指通过数据分析和推理得到的用数字表示的对某一事物的全面描述。比如，根据数据仓库中的数据对组织结构、治理机制以及风险偏好等企业特征进行刻画，并对财务绩效、现金流情况、财务风险水平等客观情况开展实时分析，可以得出客观准确的企业画像。同时，通过对企业面临的投资环境、筹资环境、市场环境、宏观经济环境等外部环境信息进行分析，还可以形成外部环境画像。需要强调的是，各类画像中不仅包含最终形成的高度概括性的分析数据和结论，还可以进行数据钻取，可根据后续计算的需要钻取原始数据。依赖深度学习算法，可以实现企业画像和外部环境画像的匹配，进而进行财务预测，并在此基础上综合财务分析的结果，最终得到财务决策。在整个财务决策制订流程中，对于具有高度重复性、逻辑确定并且稳定性要求相对较低的部分，通过运用 RPA 工具实现自动化处理，从而进一步提高财务决策制订效率。

为了提高财务决策需求产生时系统的反应适度，在财务决策支持需求频率较低的时间段，比如企业下班时间，新系统可根据以往财务分析、财务预测和财务决策的需求，推测未来可能的财务决策目标，并进行相关分析工作。当人机交互系统传达财务决策需求时，人工智能分析系统会根据深度学习的结果将企业画像、外部环境画像与决策目标相匹配，从而得到适当的财务决策。以企业金融资产投资决策为例，将由企业画像得出的企业财务状况和风险偏好等变量，由外部环境画像得出的市场系统风险、风险溢价等变量以及由金融工具画像得到的不同融资策略的风险、成本等变量代入决策模型中，通过深度学习算法，将企业需求与金融工具特点进行匹配，从而选出最优投资组合。

另外，在财务决策执行过程中，通过不断更新数据仓库中的数据，新系统自动进行财务分析和预测，这一方面实现了画像的及时更新，为财务决策效率提供了保证；另一方面也实现了对财务决策执行情况的监督和控制，使风险点的及时预警和必要时对财务决策的及时动态调整成为可能。

交互层是联系新系统与决策者的纽带。人机交互系统使用语音识别和自然语言处理技术，因此决策者可以使用自然语言与新系统进行沟通。在进行财务决策的过程中，人机交互系统通过对自然语言的处理形成财务决策目标，同时将财务决策目标传达给人工智能分析系统。在完成财务决策后，通过人机交互系统，输出财务分析报告、财务预测报告以及综合上述报告信息的财务决策报告，或根据决策者需求编制的定制报告。

（二）新系统信息化决策驱动机理

股东作为财务决策结果的最终承担者，却常因信息不对称而无法发现高管的代理问题，导致其利益受损；高管作为企业的实际管理者，日常经营决策的制订同样受制于信息的片面性和模糊性。高质量的信息是保证决策质量的基础，提高信息质量应从提高数据的多维性、全面性和准确性入手。新系统以大数据为基础和驱动力。

借助互联网，新系统可以实时获取财务报表信息、供应链信息、市场信息、行业信息、证券市场信息以及网络舆情信息等海量结构化、半结构化数据和非结构化数据。这些原始数据从多个方面描绘了企业自身财务状况和面临的外部财务决策环境，但这些数据结构混乱、质量参差，无法直接用于财务分析，因此需要经过数据清洗和数据挖掘。经过大数据技术处理过的原始数据变成了多维度的决策有用信息，并按主题分类存储。以某类产品为例，通过多维度的决策有用信息，我们可以从产品型号、产量、销量、主要市场等多个维度提取有关的信息，快速获取某时、某地该产品的销售情况。正如可以通过流动比率和速动比率等指标判断资产流动性，通过这些多维度的决策有用信息，深度学习算法会根据之前训练的结果对企业的偿债能力、盈利能力、经营能力、成长能力、风险承受能力、风险偏好等要素加以评价和判断。相比之前通过固化指标得到的评价结果，人工智能技术基于指数级指标得到的结果更加准确，从而保证了财务决策的适当性。

基于决策有用信息进一步开展财务分析、财务预测和财务决策工作。借助现有财务分析方法和对应的深度学习算法，可以对企业偿债能力、发展能力、盈利能力和营运能力进行分析评价。财务分析数据连同企业特征数据构成了企业画像。

同理，通过对其他主题多维决策有用信息的分析处理，可以得到外部环境画像、资产画像、客户画像等多类财务决策信息群。当财务决策目标产生时，深度学习算法在训练时得到的模型，新画像被定制，各类画像间相互匹配，并对不同匹配路径下未来的财务活动成果进行预测和分析，得到财务预测数据。在此基础上选择可以最大限度地满足财务决策目标的行动路径作为财务决策。决策者可以通过人机对话对输出的财务决策进行修正，修正的过程会影响最终的决策模型，以提高下次决策的质量。得到令人满意的财务决策后，决策者可以选择输出通用财务决策报告，或定制个性化报告。

财务报告的生成意味着从海量数据到财务决策的转变全部完成。在这个过程中，数据被不断精简，并被赋予财务含义，推动了财务决策的最终生成。最后，财务决策执行过程中产生的数据又被重新收集，形成了"数据—知识—财务决策—财务决策执行—新的数据"的闭环。

（三）新系统决策模型构建

新系统在以管理会计信息为基础构建的大数据决策有用信息的支持下，进行包括筹资决策、投资决策、成本决策、股利分配决策和特殊财务决策在内的财务分析、预测和财务决策支持工作。财务分析和财务预测模块作为支持性模块，在每一次财务决策任务中都会被采用，以提供决策数据支持。

1. 筹资决策

首先，通过财务分析得到企业画像、外部环境画像和筹资工具画像为筹资决策提供数据准备。财务决策目标可能包括但不限于筹资期限、筹资金额和筹资成本要求等。其次，当收到筹资决策目标后，新系统根据目标要求，在各类画像中提取相关的决策有用信息，包括企业的偿债能力、发展能力、营运能力、盈利能力、风险偏好等，外部环境中的银行利率、汇率、税收政策及市场风险等，以及各种筹资方式下的筹资工具风险、成本等，并借助深度学习算法将这些信息进行匹配，预测每种筹资路径下的筹资成本、筹资时间等数据。最后，根据财务预测的结果，提出财务决策方案并根据决策者需求出具相关报告。

2. 投资决策

企业画像和外部环境画像仍是投资决策的基础，根据投资决策目标的不同，可能与决策相关的因素包括偿债能力、营运能力、治理结构、利率、税率、市场及行业因素和法律法规的合规性因素等。然后根据具体的决策目标，提取不同数据进行大数据分析和数据挖掘，定制企业画像、新产品画像、新设备画像、新技术画像以及金融工具画像等。在此基础上，根据投资目标中包含的对投资回报率、投资规模等方面的要求，选取合适的算法。将各类画像进行匹配，并进行财务预测，根据财务预测结果生成财务决策并出具相关报告。

3. 成本决策

根据不同的成本决策目标，可以在企业画像的基础上进行数据钻取，获得人力成本画像、生产成本画像以及资金成本画像等，以更详细和准确地揭示企业在人力资源、生产经营和资金使用等方面的成本构成和成本规模。同时，当成本决策目标涉及供应成本或销售成本时，应定制供应商画像或分销商画像。然后根据决策目标中包含的对成本规模、产品或服务质量等方面的要求，对各类画像进行匹配，并对可能产生的财务后果进行预测，最终得到成本决策。

4. 股利分配决策

根据对企业画像治理结构数据的钻取和外部获取的股东相关信息，可以描绘包含股东性质、股东收入构成和股东风险偏好等信息的股东画像。根据股利分配决策目标的要求，关注企业能力、外部法律法规要求、税收政策、投资机会以及不同股利政策和股利支付方式的适用条件和优缺点。将各类画像相匹配，寻找公司发展和股东权益之间的均衡点，从而做出最优决策。

5.特殊决策模型定制

新系统不限于提供传统的财务决策支持辅助服务，对于上述财务决策目标之外的决策辅助需求，决策者可以进行特殊决策模型定制。当特殊财务决策需求产生时，借助深度学习算法，新系统首先会根据以往决策经验自动推理需要的画像类别，决策者可以对画像类别以及画像涉及的具体分析方面进行调整和修正。然后根据对财务决策目标的分解确定需要采用的分析方法，并应用对应深度学习算法进行运算，从而得到财务分析和预测，最后根据财务预测结果，提出决策建议供决策者参考。同时，本次财务决策支持过程中涉及的画像类型、分析预测结果以及最终决策等内容，都会作为下一次特殊财务决策模型定制的素材并进行分析和储存。

（四）新系统工作原理

财务决策通常是基于管理会计信息，综合其他决策相关信息，并借助专门的分析方法和模型做出的。比如，新产品开发投资决策需要收集变动成本、机会成本、专属固定成本等相关数据，并选择适当的定价方法，进而预测新产品的利润。同时应综合企业的资金状况、市场需求情况以及宏观经济情况等财务和非财务信息做出决策，新系统在进行财务决策支持时也是基于"决策有用信息—财务决策方法和模型—财务决策"的原理进行的。

1.决策有用信息的获取

决策有用信息是财务决策的始点。正如开发使用机器学习方式评估个人信贷风险指数业务的美国金融科技公司认为的："一切数据皆是信用数据。"对企业来说，一切信息皆是决策有用信息。新系统在进行信息收集时不对信息进行筛选，从而保证决策有用信息的全面性。为提高决策有用信息的相关性和可用性，需要对这些数据进行进一步加工。对于非结构化数据借助自然语言处理技术进行结构化处理，提取关键实体信息，并挖掘这些信息间蕴含的数据关系。结合经过数据清洗的结构化数据进行数据挖掘。新系统可获得包含数据本身和数据间复杂关系在内的高质量的决策有用信息。

2.财务决策方法和模型的建立

财务决策方法和模型是连接决策有用信息和财务决策的纽带，反映了二者之间的逻辑和因果关系。财务决策方法和模型对财务决策质量影响重大。借助深度学习算法，我们向新系统输入决策有用信息，如果其做出了正确的财务决策，我们就给做出正确决策的神经网络增加权重，反之就减少权重。这个过程就是对新系统的训练过程。在经过多次训练后，新系统就会总结出自己的财务决策方法和模型，在不需要人类参与的情况下做出财务决策。这些财务决策方法和模型可能有别于当前已固化的模型，相比固化模型，这些方法和模型是更加复杂的函数体系，对数据的拟合程度也更高。并且随着训练次数的增多，这些方法更加复杂，而财务决策质量也会随之不断提升。

3. 财务决策的生成

当新系统收到财务决策目标时，就会启动财务决策支持程序。新系统会根据财务决策目标选取经过训练得到的财务决策方法和模型，并根据它们选取决策有用信息。经过计算和分析，最终生成财务决策。

二、人工智能背景下财务决策支持系统实施路径构建

（一）实施环境构建

系统正常运转需要周围环境提供支持和保障。实施环境包括相关支持系统和规章制度。支持系统为新系统正常运行提供了物质、数据和人力资源方面的保证，而配套的制度支持则明确了责任和权限，规范了新系统的应用秩序。

1. 支持系统构建

（1）基础业务及财务系统构建。企业原有的业务及财务系统，比如，ERP系统、HR（人力资源）数据库等是新系统所需企业内部数据的重要来源。一方面，相比人工处理的数据，计算机处理的数据往往具有更高的可靠性，因此基础业务及财务系统覆盖范围越广，自动化程度越高，新系统中数据质量越高，进而为提高财务决策质量提供保障；另一方面，基础业务及财务系统的构建使得数据导入工作可以完全由计算机进行，大大提高了数据导入的效率和效果。因而在构建新系统前，企业应先完善基础业务及财务系统构建。

（2）数据仓库构建。从基础数据库收集的信息都在经过清洗、加工和归类整理后按主题存储于数据仓库中，因此数据仓库中存储了各层次财务决策所涉及的全部数据。可以说，数据仓库为财务决策提供了数据基础。企业构建一个安全可靠且容量充足的数据仓库是必不可少的。大型企业可以构建自己的数据仓库，这种数据仓库构建成本偏高、可拓展性较差，但是可通过内网连接，

安全性有保障。企业也可以选择云端数据仓库，其由专门的运营商构建和维护，企业只需要支付使用费，大大节省了企业的时间成本、人力成本和财务成本。同时，其安全性近年来也在不断提高。

（3）相关人才系统的构建。新系统的使用是公司财务领域的一次变革，不仅涉及管理者传统财务决策方式的改变，也将影响普通员工的日常工作。企业一方面应关注员工心理，通过领导带头的方式积极推进新系统构建工作；另一方面应对员工以及管理层进行必要的培训，使他们能够尽快熟悉和掌握新系统的功能和使用方法。同时，新系统的应用将会替代基层管理者完成其大部分原有工作，企业应加强对基层管理者的职业发展培训，使其掌握更高级的管理或专业技能，帮助员工提升能力，从而为企业创造更大价值。

2.相关制度支持

（1）授权制度。新系统为不同层次的管理人员提供财务分析、财务预测和财务决策支持，涵盖集团及不同级别子公司的业务及财务数据，涉及大量公司机密，因此必须对不同层次的使用者规定适当的权限，并严格禁止权限外的操作，以保护数据安全。

新系统使用者的权利主要包括财务数据审阅权力、财务数据修改权力和财务决策支持权力。权限设置应与不同层次管理人员的需求相匹配。对于公开信息应赋予所有新系统使用者查阅的权限，同时根据职能层次限制数据钻取的权利，达到权限设置的目的。高层管理者应区分集团高层管理者和子公司高层管理者。集团高层管理者的财务决策需求往往关系集团整体战略，涉及集团长远发展，因此应全面掌握集团内外部信息，以保证其可以实时进行报告审批和数据查询工作，并满足其财务决策的数据需求。子公司高层管理者的数据钻取权限则受到一定限制，仅限于钻取本公司全部信息。中层管理者的财务决策需求主要涉及各部门自身发展，比如控制部门成本。其数据钻取权限应限制在本部门内部信息范围内。

基层管理者的需求一般涉及企业日常经营活动，比如原材料补给等，因此仅应被授予与其工作需求相关的数据钻取权限。基于反舞弊考虑，财务数据修改权力应被严格控制，并执行授权审批程序。由业务和财务系统自动生成的数据不允许进行人为修改。当人工录入的数据出现错误需要修改时，应遵从不同业务部门的审批程序，比如财务数据需要修改凭证记录时，需经会计主管取消审核。其他没有修改权限的人则被严格限制对新系统数据的修改。

财务决策支持权利同样与管理者层次相匹配。禁止为管理者提供高于其所在层次的财务决策支持，以防止企业商务机密泄露。同时，财务决策报告仅限本次财务决策支持发起人和其上级管理者查阅。在新系统下，基层管理者的财务决策需求基本可由新系统自动完成，但基层管理者仍可随时查看这些财务决策报告，以实现对新系统的监督。

（2）追责制度。企业管理层始终是财务决策的主体，财务决策支持系统为其提供辅助决策功能，以帮助其提高决策质量，但最终决定权仍掌握在决策者手中，因此采用新系统并不应因此减轻管理层的责任。当出现错误的财务决策时，这项决策的发起者应对其负责，并视企业遭受的损失承担相应的责任。基层管理者应负有对新系统代替其做出的财务决策进行监督的责任，因此当自动执行的财务决策出现失误时，应查明基层管理者是否尽到了监督义务，若未尽到则应由其承担失职的责任。

（二）财务决策具体定制路径

1. 常规决策

常规财务决策是指企业在日常生产经营活动中频繁发生的财务决策事项，如最佳库存选择、采购时点确定、应收账款催收等，这类财务决策通常属于结构化或半结构化决策。通过对新系统的训练，可以得到这类财务决策的最佳决策模型。以确定采购时点为例，新系统通过实时收集的业财信息，可以监控原材料的仓储量、每日生产领用情况。根据销售合同、车间生产计划书等资料可以预测未来领料量，再结合供应商规模、销售情况、地址、天气等信息可以精准计算材料到达需要的时间。当上述信息代入训练得到的决策模型中满足再订货选择条件时，新系统就会做出采购决策，并自动通知仓库等相关部门。此类决策由各部门基层管理者主导，其所在部门负责执行，所涉及的基层管理者仅需定期对决策结果进行抽查，保证系统运行的稳定性即可。

2. 复杂决策

复杂财务决策又可称为特殊财务决策，指企业在日常生产经营活动中不经常涉及的财务决策。这类财务决策虽然发生的频率低，但通常影响重大，因此对财务决策的质量要求更高。这类财务决策通常不再由财务部门主导，而是由中、高级管理层、董事会或专门成立的项目组负责。这类决策可以进一步分为两种类型，一种是新系统曾训练过的财务决策，另一种是全新的财务决策。

对于未经调练过的财务决策，新系统可以根据调练得到的知识和模型得出最终决策。但为了保证每一次的决策质量，在新系统做出决策后，应由负责组织对财务决策结果进行检验和评估。新系统会记录决策者对最终决策的修攻，并对决策模型中的相关系数进行调整。每一次财务决策过程也是对新系统的训练，随着决策次数的增多，新系统的准确性和稳定性也会不断提高。

新系统并不是只能解决经调练的财务决策问题，对于全新的决策，新系统可以借助已有的知识和模型做出自己的推理和预测，并形成初步决策。决策者在获得财务决策结果后，可通过自然语言与新系统进行沟通，对决策条件进行补充和修正，进一步细化财务决策方案，针对部分财务决策进行深度探讨等，直至形成组织满意的决策方案；同样，在决策者对财务决策结果进行修正时，新系统会自主学习，并不断形成新的知识，优化参数设置，进而提高未来应对全新决策的能力和财务决策质量。

无论是常规财务决策还是复杂财务决策，新系统都会跟踪和记录决策执行结果。当结果符合决策目标时，相关参数会被加强；当结果出现偏差，但在企业可接受范围内时，系统会对参数进行修正。对于严重偏离决策目标的结果，新系统会分析成因，在修正模型的同时向负责部门或组织输出分析报告。

（三）财务决策评价与系统持续完善路径

1.财务决策评价原则

（1）财务决策目标匹配原则。目标是财务决策的起点。不同层次的决策者具有不同层次的财务决策目标，高层次决策者的决策目标更侧重于企业整体发展，比如并购决策、新市场开发决策等。而低层次决策者的目标往往更具体化，比如供应商选择、生产线选择等。对于不同层次的目标应匹配不同层次的财务决策方案。针对高层次的目标，财务决策方案内容涵盖范围应更广、方案分析更细致，以实现对企业整体发展的指导作用；而针对低层次的目标，方案应更具体，执行步骤应更明确，以方便基层执行者参照执行。

（2）财务决策方案可行原则。财务决策对企业发展的影响一方面来自决策自身质量，另一方面来自决策执行效果。尽管新系统在财务决策制订过程中已经充分考虑了企业内部资源和外部环境的影响，但是在决策执行之前仍应再次进行可行性评价，以确保财务决策质量。财务决策可行性评价要重点关注企业当前是否具有执行方案必需的关键资源，关键资源是否可以调用，以及用于该层次的财务决策方案是否符合成本收益原则。另外还应关注企业外部环境是否能够满足方案实施条件，综合评估方案风险水平，并确保其在企业可接受的范围内。这个原则在决策者参与的财务决策中尤为重要，一方面是因为涉及决策者参与的财务决策往往是复杂、非程序化且十分重大的决策，这样的决策对企业发展的影响更大，因而应更加谨慎。另一方面是因为管理者的能力限制和主观臆断等因素，使其在修改决策方案时可能无意间影响方案的可行性。

（3）财务决策过程合规原则。财务决策的程序正确是保证财务决策高质量和稳定性的一个重要保证。财务决策的制订始终遵循"提出服务决策目标—目标分解—画像—画像分解—财务预测—财务决策方案制订"的过程，省略过程中的任何一个环节，都会影响财务决策质量的稳定性，给企业发展带来隐患。新系统在每次方案制订完成后都要进行自检以保证过程的正确性。

（4）执行效果达标原则。财务决策执行效果是影响企业未来发展的另一个重要因素，因此除了对财务决策进行事前评价之外，也要对财务决策的执行进行事中和事后评价。执行效果评价可以借助主要财务指标和业务数据与行业平均水平、行业领先水平、主要竞争者、企业历史数据以及预算数据的比较分析进行，也要注意收集不同层次管理人员和实际执行者的反馈意见，当涉及企业外部利益相关者时，也要及时收集他们的反馈，从而使执行效果评价更加全面客观。对企业全体员工意见的收集有利于形成全员参与企业财务决策的氛围，通过对员工积极性的调动，更益于保证财务决策执行效果。另外，由于实际执行者往往比管理层更富有实操经验，对他们意见的收集有助于发现理论分析中忽略的问题，也能进一步评价财务决策的可行性。

（5）财务决策过程成本收益原则。数据收集越全面，财务分析越详细，财务决策的质量就越有保证，但同时进行财务决策的成本也越高。如果借助新系统进行财务决策后，财务决策制订成功带来的收益无法弥补决策成本，那么即使财务决策质量得到显著提升，新系统也会被束之高阁。财务决策过程应符合成本收益原则，对于不同重要程度的决策目标，应设置不同的精度，进行不同详略程度的财务分析和预测，从而在保证决策质量的前提下控制成本。

（6）财务决策过程高效率原则。财务决策的制订是为了更好地把握经营机会，而机会是具有时效性的，如果财务决策制订过程效率太低，以至于错过了机会，即使最终得出的方案是正确的，也失去了意义。财务决策过程的高效率与财务决策的高质量一样重要。财务决策过程的高效率原则一方面要求新系统在进行数据运算时能够选择合适的算法，提高运算速度；另一方面同成本收益原则一样，要求对不同重要性的决策目标控制不同的分析程度和决策精度，从而节约资源，提升决策效率。

2. 系统持续完善路径

系统持续完善伴随财务决策评价进行，财务决策评价贯穿于财务决策的事前、事中和事后，并始终遵循上述六个原则。当最终决策方案制订完成后，首先进行决策过程合规性评价、目标匹配性评价和可行性评价，只有当这三个评价都达标后，才会将财务决策发布，并通知相关人员执行。在执行过程中实时收集业财数据，并开通员工意见反馈通道，收集各层次员工的反馈，同时借助营销人员电话沟通等手段收集外部利益相关者的反馈，从而对财务决策的执行效果进行监督和控制，并对其可行性进行二次评价，以保证企业高效率地朝着正确的方向发展。在财务决策执行完毕后，再对其进行综合评价，包括对财务决策制订过程的成本收益原则评价和效率评价。对于重大财务决策，可以根据管理层需求出具分析报告，报告内容可涉及财务决策制订过程、修改次数及原因分析、执行效果评价等。

在财务决策正式实施前，当决策过程合规性评价出现问题时，应评价问题对最终财务决策目标匹配性和可行性的影响，考虑是否需要暂停财务决策的执行。同时，因为过程合规性问题的存在可能还会导致其他财务决策出现同样的问题，所以应及时分析问题发生的原因并进行弥补。当目标匹配性和可行性出现问题时，应立刻停止执行，并查找问题出现的原因，尤其注意该问题的出现是否还涉及过程合规性问题。只有当修改后的财务决策通过上述三个评价后才能进入执行阶段。在财务决策执行过程中，如果发现实施效果不尽如人意，应分析决策可行性是否存在问题以及企业外部环境是否有重大变化，并视实际情况决定是否需要暂停执行；如果可行性出现了问题，在调整现有财务决策的同时，应注意查找决策过程和可行性检验过程存在的问题；如果外部环境出现了重大变化，应及时对财务决策进行相应修正，并对新决策重新执行上述评价程序。在修改财务决策方案的同时，新系统收集错误出现的原因。通过自我学习对自然语言处理系统、财务分析和决策模型等进行调整和修正，以提高下次财务决策支持质量。

（四）人机协同实现机理

决策者是财务决策的主体，主导财务决策的进行。人工智能背景下的财务决策支持系统旨在为决策者提供更加智能和个性化的财务决策支持，通过实现人机协同提高财务决策质量，而非取代决策者的职能。人机协同通过充分的人机交互活动得以实现，并贯穿于财务决策方案制订和整个执行过程。

1. 财务决策目标的提出与分析

财务决策目标由决策者提出，是新系统开始财务决策支持的驱动力。当新系统接收到具体财务决策目标后，自动对目标进行分析，分解出其中隐含的约束条件，整个过程不需要人工参与，由新系统自主进行。目标分析效果受到训练次数的影响，对于新出现的复杂决策，分析效果可能不够理想，因此在决策方案生成后需要决策者进行审定。

2. 财务决策方案制订与反馈

财务决策方案制订与反馈由新系统主导。根据财务决策目标分析的结果，新系统自主调用企业画像，进行财务分析、财务预测和财务决策方案制订工作，并以图形、表格等多种形式输出决策方案和依据。决策者不需要参与新系统中决策的生成过程，这并不意味着决策者不参与财务决策制订，因为对于复杂或重要的财务决策，决策者应在决策结果输出后对报告进行审阅，并对自动生成的财务决策进行审定和修正。

3. 财务决策方案审定与修正

财务决策方案审定与修正需要人机高度密切配合。财务决策报告包含决策过程中涉及的财务分析和财务预测数据，并可根据需要向下钻取原始数据，从而将决策思路清晰地呈现给决策者；决策者可以检查决策逻辑，并将根据自身知识和经验得出的决策与新系统的财务决策进行对比，当出现差异时，决策者可直接在系统中对决策方案进行修改，也可修正或加入新的决策约束条件，并要求新系统重新决策。审定与修正过程对于复杂或重要的财务决策是必不可少的，这一方面保证了最终财务决策的质量，另一方面也使新系统得以自主学习，提高每次决策的准确性。

4. 总结与评价

总结与评价由新系统主导。对于修改后的财务决策，新系统自主对最终结果进行保存和评价，对不符合标准的方案及时预警，提醒决策者注意；对合格的方案则直接输出。评价过程虽由新系统主导，但仍需要企业内、外部利益相关者的广泛参与。通过收集利益相关者的反馈，对财务决策制订及执行效果进行跟踪和持续改善。评价结果一方面以报告形式定期输出交由管理层审阅，另一方面用于新系统的自主学习。

第十章 智能化财务管理未来发展

第一节 呈现财务云趋向

云计算是推动信息技术实现按需供给、促进信息技术和数据资源充分利用的全新业态，被称为自互联网革命以来 IT 产业最深刻的变革，必将深刻影响公司财务管理和会计行业。

一、云计算与财务共享服务研究的基础

云计算为企业带来了一场技术创新、应用创新、商业模式创新，更为企业财务共享服务中心进一步有效整合资源、完善服务模式提供了新契机。将云计算应用于财务共享服务，开展财务云研究要建立在对云计算及财务共享服务相关研究的基础之上。

（一）云计算的定义、特征及应用现状

最早的"云计算"（Cloud Computing）概念是谷歌前任首席执行官埃里克·施密特（Eric Schmidt）在 2006 年搜索引擎大会上提出的。目前，有关云计算的定义，不同的文献资料有着不同的表述，具有代表性的定义有以下几种。

有学者认为，云计算是一种可根据负载动态重新配置、可调用的虚拟化资源池，服务供应商和用户约定服务协议，用户使用服务实行用时付费模式。美国国家标准与技术研究院（NIST）认为，云计算模式提供可用、便捷、按需的网络访问，这种模式下可配置的计算资源共享池能够快速提供资源，用户只需投入很少的管理工作，按使用时间付费。刘鹏认为，云计算将计算任务分布在大量的计算机构成的资源池上，用户按需获取计算力、存储空间和信息服务，是一种商业计算模型。

通过以上定义，可以得出云计算具有如下特征：一是可扩展性，资源可以动态伸缩，满足应用的需要；二是快速弹性，服务容量具备快速线性增长的能力，用户可以根据实际需求快速弹性地请求和购买服务资源；三是资源池化，利用虚拟化技术，利用各类资源形成虚拟化资源池并实现集成共享；四是广泛网络接入，通过提供标准化的接口供其他服务调用。按照部署方式（应用范围）分类，云计算可以分为四大类：一是私有云，即被某单一组织拥有或使用的云基础设施；二是社区云，即由两个或两个以上的组织共同管理操作，设施被组织成员共享；三是公有云，即由一个组织管理维护，并向公众提供云服务；四是混合云，以上两种或两种以上云形式的组合。

近年来，我国云计算市场迅速扩大，关键技术和软硬件产品取得了一些成果，产业规模迅速扩大，百度、腾讯等公共云服务能力位居世界前列。但硬件方面也存在新型架构数据中心相关设备研发较为滞后、软件方面存在云计算平台对应用移植和数据迁移的支持能力不足、云服务方面存在总体规模较小等问题。云计算的广泛应用，必将深刻影响公司财务管理及会计行业。

（二）财务共享服务的研究与实践现状

财务共享服务的本质是流程的共享。财务共享服务通过在一个或多个地点对人员、流程和技术等核心要素进行整合，将具有规模经济和范围经济属性的财务业务集中放到共享服务中心进行处理，旨在实现降低成本、提高服务质量与效率、促进核心业务发展、整合资源实现战略支撑等目标。法伊的观点是财务共享服务是实现企业集团内流程标准化和精益化的一种创新手段，也是企业整合财务运作、再造财务流程的一种崭新的制度安排。从以上观点可以看出财务共享服务是这样一种模式，即企业通过建立财务共享服务中心，实现财务集中、协同、共享，着力使财务工作达到低成本且高效率，最终实现企业价值创造目标。

有关财务共享服务的理论研究主要集中在财务共享服务的流程再造与关键因素分析，探讨构建模式实质就是研究流程再造。伯格·克朗认为，财务共享服务中心与企业集团成员单位之间的业务形成了一个价值链，业务流程再造就是对这个价值链进行构建的过程。张瑞君、陈虎、张永冀结合对中兴通讯集团案例，从组织、技术、流程等维度分析构建财务共享服务中心的关键因素。张庆龙、聂兴凯认为财务流程再造的核心程序和方法有财务流程分析、财务流程的优化及重新设计、试点与转换。何瑛、周访通过实证研究，得出对财务共享服务价值的影响程度的各关键因素依次为战略规划、信息系统、流程管理、组织结构设计、绩效管理、人员管理。还有部分学者对财务共享服务模式下财务人员转型问题进行了探讨。然而，通过对相关文献进行检索发现，鲜有基于云计算构建财务共享服务新模式的研究。

目前，超过90%的世界500强企业已经应用或正在建立FSSC。财务共享服务作为"舶来品"，在我国也得到了广泛的应用。财政部于2013年12月印发了《企业会计信息化工作规范》，旨在鼓励企业探索利用信息技术建立财务共享服务中心。国内大型企业纷纷利用专业化分工和信息技术优势，建立了FSSC。

二、财务云的定义与研究价值

（一）财务云的定义

云计算应用于财务共享服务的研究虽然并不多见，但是在云计算发展迅猛的时代背景下，企业的财务流程从既定的ERP系统向云服务转变已基本达成共识。马丁指出，"云应用"的浪潮已经波及财务流程和组织，如果不服从流程再造理论的精髓，就可能会面临高失败率的风险。基于会计信息数据等财务资源具有通用性、标准化、可获取性等特征，以及云计算在政务、金融、教育等行业共享服务平台的成功应用，构建财务云中心是大势所趋。目前，国内仅有中兴通讯、浪潮、长虹等少数企业提出财务云系统解决方案，理论界对财务云的定义也还没有一致的认识。基于云计算与财务共享服务的现有研究基础，笔者认为可以将财务云定义为：企业将云计算技术与财务共享服务中心协同整合，通过建立一个平台再造财务流程，实现核算报账、数据共享、财务管理、资金管理、决策支持合一，旨在降低总体运营成本、提升财务服务质量、强化管理会计建设、有力整合企业资源支持企业发展战略。

（二）财务云研究的价值

云计算被称为继大型机、个人计算机、互联网之后的第四次浪潮，已成为信息产业发展的战略方向。云会计、云审计等应运而生，财务共享服务不可避免地会与云计算产生融合。下面对财务云发展的必然性和可行性两方面进行分析，阐释财务云研究的价值。

1. 财务云发展的必然性

财务云聚焦数据、依托信息技术，力图再造财务流程，解决企业财务职能建设中成本高、效率低的问题。财务云在企业中将会得到广泛应用，有其必然性。

一是云计算产业快速发展的要求。国务院于 2015 年 1 月发布的《关于促进云计算创新发展培育信息产业新业态的意见》为财务云建设提供了政策支持。财务云一方面可以为企业集团的分（子）公司提供专业化服务，另一方面还可以为外部单位（其他企业和行政事业单位）提供财务服务（解决方案），获取利润。开展将云计算应用于财务共享服务的研究，有利于提高业界对财务云的关注，能给业界带来巨大的商业价值，有利于形成财务云牵引低碳经济发展的新商业模式。

二是主动适应大数据发展的需要。大数据通过利用信息技术，对分布各处、各式各样的数据进行收集分析，从而发现知识、创造价值，大数据是一种新的服务业态。云计算的一个重要功能就是对数据资源具有显著的集聚效应，能够大力推动大数据的进一步挖掘、分析、应用和服务，促进信息资源共享和业务协同。财务云聚焦数据，以坚实的大数据为基础。平台直接收集分（子）公司的原始数据，能够确保数据真实准确；平台按照用户需求提供数据，还能确保数据具备高可用性。

三是增强企业协同效应的重要举措。财务云使集团总部与分（子）公司、分（子）公司之间的财务和业务达到高度协同，实现企业内部协同。在此基础上财务云还可以满足企业与外部单位实现高度协同。企业开展财务活动会与税务部门、商业银行、证券市场、会计师事务所、客户、供应商等有关各方发生经济利益关系。由于财务云平台应用了云计算技术，具备了广泛接入功能，因此企业可以通过平台与上述方协同办公，实现企业与外部单位协同。

四是加强企业内部控制的必然途径。企业在实行财务共享服务之前，大多采用分散式的财务核算和管理模式。各分（子）公司内设财务部门，拥有独立的财务核算体系和会计信息系统，加之受经营业务内容不同、所处区域不同等因素影响，形成事实上的一个个信息孤岛。使集团内部不同会计主体之间财务数据的可比性大打折扣；使反映到集团总部的财务报表生成速度慢、流程长，不利于集团总部通过报表监控分（子）公司的财务状况和经营成果；使集团总部对分（子）公司管控弱化。建立财务云，制订标准化的财务制度，实现财务数据在云平台的集中共享，财务云实时生成分（子）公司的财务信息供集团总部参考，集团管控效率低下问题迎刃而解。

2.财务云发展的可行性

云计算的应用在政务、教育、医疗、金融等重要领域先后落地，对企业建立财务云具有重要的参考价值。相比传统的财务共享服务模式，财务云在功能等诸多方面更具优势，十分具有可行性。

一是进一步降低企业运行成本。财务云实现企业财务资源共享，减少了软硬件系统及财务人员在分（子）公司的重复设置，降低了企业总体运营成本。财务云软、硬件系统均可选择服务外包，由云计算服务供应商提供，供应商保障系统安全、解决系统故障、升级系统软件，企业无须投入人力、财力等对基础设施进行管控。

二是进一步提升财务工作效率。企业即使建立了财务共享服务中心、实行了统一的会计核算，由于没有把财务共享服务中心引入云端，因此无法享受云计算的高可扩展性、高效性、便捷性。云计算支持多终端接入模式，用户借助移动互联网、各种客户端（如手机等），便可随时随地任意接入财务云处理工作事务，云计算的快捷性和会计业务的标准化使财务工作效率进一步得到提升。

三是更加注重信息的安全保障。近年来，为适应云计算服务快速发展的趋势，进一步保障云计算信息安全、强化数据隐私保护，国家已经结合云计算特点制定了一系列相关信息安全制度，云计算服务商也构建了信息安全保障体系，这些举措大大提升了云计算平台对信息安全监测、预警和应对能力，云计算背景下的财务共享服务模式发展环境更加安全可靠。

四是提速管理会计在企业的发展。在分散式的财务管理模式下，会计人员耗费大量的精力处理记账、算账等日常性事务，忽视了在企业规划、决策、控制和评价等方面的功能发挥。财务云对企业会计人员进行一个更细的专业化分工，将会计核算工作从企业财务部门中相对剥离，使从事会计基础业务的会计人员转型发挥管理会计职能，注重企业的价值管理和创造，推动企业管理会计工作的有效开展。

三、财务云未来研究方向

在云计算发展逐渐形成的背景下，推动财务云的相关研究势在必行。目前财务云的研究还处于起步阶段，笔者认为应该从以下方面着手。

（一）财务云平台架构研究

财务云平台架构是财务云研究的核心内容。它依托云计算服务供应商提供的三种服务——基础设施即服务、平台即服务、软件即服务，构建财务云平台主体，从集团内部用户端、外部应用接口两方面构建平台辅助部分，最终实现企业的软、硬件资源及服务共享。

财务云平台主体部分：一是基础设施即服务（IaaS）。IaaS 是财务云平台基础，云计算服务供应商为企业提供基础设施（计算资源），包括服务器、网络、存储、处理等，分（子）公司无需购买和建设基础设施。IaaS 根据用户需求及使用状况，为用户动态分配、调整计算资源，用户无需管理基础设施。二是平台即服务（PaaS）。PaaS 基于 IaaS 之上构建，云计算服务供应商提供开发语言和工具等平台给用户，为分（子）公司提供计算环境和开发环境。PaaS 具备系统解决方案、资源部署调度、财务软件开发、专家在线答疑、共享服务论坛等功能。用户同时可以在 PaaS 中安装应用程序，根据需求对应用程序进行管理控制或实行托管，使应用程序对客户可用。三是 SaaS。SaaS 基于 PaaS 之上构建，主要部署财务数据共享系统、财务数据分析系统、财务数据保障系统、管理决策支持系统等。云计算服务供应商提供各种应用软件给平台用户，应用软件通常安装在服务供应商处；分（子）公司无须再建设相关系统，借助移动互联网、各种客户端、浏览器便可方便、快捷地自助访问和使用部署在云端的软件，且无需进行管控。

财务云平台辅助部分：一是集团内部用户端。集团内部用户端通过 Web 服务等对用户进行身份认证、数据访问权限、实时监控等管理。二是外部应用接口。在财务云平台下，税务部门、商业银行、证券市场、会计师事务所、企业客户与供应商等也可接入系统。按照数据访问权限，企业还可通过财务云向股东、债权人、企业员工等公开财务信息。企业接入财务云，即可在云计算服务供应商提供的三种服务模式下，实现核算报账、数据共享、财务管理、资金管理、决策支持在企业内部的协同应用，并可选择性地与外部单位协同办公。

（二）财务云保障机制研究

财务云保障机制研究是财务云研究的重要组成部分。下面从提升安全保障能力、加强人才队伍建设、鼓励相关企业拓展财务云外包服务三方面构建财务云保障机制。

一是提升安全保障能力。保障信息安全是财务云建设的首要前提。企业大量数据都是对内的，一旦发生泄露，将会对企业造成不可估量的损失。云计算服务供应商不仅要确保信息可用、可控、不可否认，还要保证信息在产生、存储、传输等环节不被非法修改和破坏，不泄露给非授权者。建议政府相关部门在现有信息安全法律法规的基础上，进一步完善云计算环境下企业和个人信息保护、云计算服务供应商安全管理责任等相关制度建设。

二是加强人才队伍建设。财务云的发展需要一批既懂公司财务管理、会计学、管理会计，又对信息技术有一定了解的复合型人才来推动。加强高等教育与产业发展的有效衔接，鼓励高校同行政事业单位、企业、行业协会建立协同创新战略联盟，培养卓越会计人才，尤其加强对会计学、财务管理、审计学等相关专业学生进行管理会计能力培养，为企业财务云的发展提供智力支持。

三是鼓励云计算服务供应商和会计软件公司拓展财务云外包服务。财务云在平台建设方面存在选址、信息安全、技术支持等风险，企业出于自身经济利益考虑，选择外包的可能性较大。因此，政府要出台相应政策性支持措施，鼓励云计算服务供应商和会计软件公司拓展财务云平台服务，保障财务云平台建设。服务商在推进财务云平台建设的过程中，要充分结合我国目前会计信息系统建设实际，为企业提供符合自身需要的财务云平台。

（三）财务云与管理会计协同研究

财务云平台与管理会计工作虽相互独立、相互区别，但又相互影响、相互作用。在协同理论下，财务云与管理会计在战略分析、决策支撑、价值创造等方面具有目标一致性，一定条件下，二者相互协作产生的协同效应远远大于各自独立工作效应之和。

财务云为管理会计在企业的有效应用提供了三大基础。一是数据基础。管理会计功能的有效发挥，必然要求以数据作为支撑。财务云是一个数据收集、存储和分析的中心，企业管理会计工作开展所需的数据均可由财务云提供。二是人员基础。财务云促进企业大量的会计人员由财务会计向管理会计转型，为管理会计工作的有效开展提供了人力支持。三是组织基础。财务云的平台应用软件具备风险控制、资本运营、价值管理等功能，这些功能本就属于管理会计范畴。因此，财务云平台为企业管理会计发展提供了平台保证。

另外，企业管理会计人员利用相关信息、有机融合财务与业务活动、将统一的财务制度和规范的财务标准内嵌在财务云平台运作流程中，发挥企业管理活动的职能，这些举措有力地支撑了财务云在管理功能等方面的作用发挥。响应国家全面推进管理会计体系建设的号召，深入开展财务云与管理会计二者的协同研究，是财务云研究的一个新方向。

第二节　财务外包

随着经济全球化的持续高速发展和现代化网络信息技术的突飞猛进，越来越多的企业开始关注自身的核心竞争力。企业要想提高其核心竞争力，必须把注意力集中在可以增值的核心领域上，而财务外包无疑是解决这一难题的有效手段。财务外包作为服务外包的一种，是继人力资源外包后日益兴起的另一种新型业务流程外包。

一、财务外包概述

财务外包是近年来在西方发达国家发展较快的一种财务管理模式。美国是最早进行财务外包服务的国家，最初主要包括工资管理、票据处理等一些比较简单的外包服务。随着经济全球化的到来和互联网技术的高速发展，财务外包领域开始不断地拓展，不仅限于交易管理，还包括财务分析、风险管理等。

（一）财务外包定义

目前我国学者对财务外包还没有形成统一的学术定义。综合国内外相关学者对财务外包的定义，笔者认为，财务外包就是企业在资源有限的条件下，通过合同或协议的形式，将财务会计职能中部分自身不擅长管理的流程委托给外部专业机构，由外部专业机构进行财务操作和管理并给予必要的财务分析和指导的一种新型财务管理模式。即将企业非核心财务会计业务外包给服务商，使自身更加关注核心业务的发展，从而降低成本，提高资源配置效率，最终实现企业价值最大化的目的。

（二）财务外包内容

财务外包主要包括总账、应收账款、应付账款（包括差旅费和招待费）、工资管理、税务管理、现金管理、风险管理、发票对账、支票清算以及其他财务与会计职能等。近年来，我国会计师事务所和财务公司成了主要的财务外包服务商。它不仅能够提供财务应用服务的网络公司（如 ASP，即应用服务提供商），也可以承接部分财务流程外包业务。

二、财务外包的优势分析

从以上分析可以看出，财务外包是企业管理层基于企业利益最大化的角度实施的一种旨在降低成本、提高管理水平、增加企业核心竞争力的财务管理模式。具体来说，财务外包具有以下优势。

（一）有利于降低成本，优化资源配置，提高效率

首先，通过财务外包，企业可以利用提供财务应用服务的网络公司（如ASP）搭建的网络财务应用平台，将部分财务系统业务外包给专业机构。这样不仅减少了购买相关财务软硬件的成本支出，还利用了专业机构的专业手段对企业财务职能进行统一管理，有效地提高了财务管理水平。其次，财务外包可以降低人力成本。通过财务外包可以有效避免为操作和维护会计电算化系统而雇佣的计算机技术人员和财务人员的成本支出，相应的附加成本如休假、福利等费用也会大幅度减少。例如，澳门航空公司将其收入结算业务外包给中国航空结算中心，中国航空结算中心为澳门航空公司提供全方位的收入结算业务，减少了澳门航空公司在设备和人力资源方面的投入，极大地降低了澳门航空公司的成本。

（二）有利于提高财务信息的透明度和可信度

现在越来越多的信息使用者更加关注财务信息的透明度和可信度。通过财务外包有利于解决这一问题。一方面，外部专业机构利用自身专业的财务管理能力使会计信息虚假的概率降到最低，提高其财务信息可信度；另一方面，财务外包服务商是作为第三方独立存在的，由它们操作的财务信息更具有可信度。上市公司通过财务外包获取的财务信息更能得到海外投资者和监管者的认可，有利于实现其在国际资本市场的融资。

（三）有利于提高企业的核心竞争力

核心竞争力是保持企业竞争优势的力量和源泉。通过财务外包，企业将非核心的财务职能剥离出去交给专业机构，使企业有限的财务管理人员更有精力去关注具有更高价值的核心财务职能，这将有利于提高企业总的核心竞争力。

例如联合利华的财务外包业务。该公司在 24 国有 750 名财务部门员工，使用 18 套企业资源规划系统，加上数百种其他财务及会计流程，分属于 3 个不同领导团队，面临重复、高成本与质量参差等问题。2005 年欧洲联合利华公司决定精简组织，制订了一项名为"一个联合利华"的战略转型计划，决定将公司财务及行政职能外包给在成功管理复杂流程方面具有优秀表现的供应商。新的财务管理者解决了流程和系统标准化统一的问题，并精简了大量重复环节。如今，"一个联合利华"计划每年为公司直接节省 7 亿欧元，而通过其外包职能，联合利华得以加快财务及行政管理转型的步伐，也让该公司财务部门将精力从交易流程转移至公司核心业务，在不到 4 年时间内完成以往其他公司需要 10~15 年时间才能完成的工作。

三、财务外包的风险防范分析

尽管财务外包作为一种新型战略管理模式在国内外市场上日益兴起，但是其本身存在的缺陷仍可能会制约企业的发展。因此，关于财务外包风险防范分析是每一个企业必须高度关注的问题。

（一）成本失控的风险

失控风险是财务外包首要和最基本的风险。企业将部分财务职能交由外包服务商来管理，企业的财务管理人员无法对外包的财务内容进行直接控制，对需求的任何变更必须经由或取得外包服务商的同意，这意味着在某种程度上对一些财务职能失去了控制。此外，财务外包公司作为独立存在的一方，将相关的会计信息和财务数据管理在自己的网络财务应用平台上，与企业的财务信息链割断，这样会使大量的会计业务混合在一起，可能会对一些职权分工、相互牵制失去控制。而且，当外包服务商承担了财务业务后很可能会逐步提高价格，降低财务服务质量，这将增加企业的额外成本和相关费用。因此，在财务外包过程中，企业应当始终保持与外包机构良好的合作关系，财务管理人员应当投入更多的时间和精力来管理这种外包关系，随时对财务外包业务职能进行监督和评估，提升在外包下的财务管理水平。

（二）信息安全风险

财务部门作为企业的核心部门，从财务计划、制订策略到信用关系、预算考核，无不触及企业战略和商业秘密。企业将财务职能外包出去很可能会使自己的会计信息被截取、篡改、丢失和泄露。如果外包机构缺乏道德与信用，就会给企业带来难以估量的损失，财务外包也就失去了意义。目前我国的信用市场体系严重阻碍了财务外包的发展。因此，企业在进行财务外包决策时，要谨慎选择外包企业，了解外包企业的可靠性、信用水平、防范措施等信息。

（三）合同定价风险

拟定合同是财务外包项目中的一个重要环节，在当今财务外包合同讨论中最具有争议的内容之一是围绕合同定价而展开的。财务外包合同定价特别具有挑战性，一方面，其中牵涉了影响定价的企业理念和高层管理者的偏好等因素，而且也缺乏有关的标准合同条款和定义。另一方面，由于外包服务提供商与其客户之间的期望值不一致，导致本已协商一致的度量指标落空或被搁置。如何把这些要素融进有关定价的合同中需要花费很多时间，而且会附带产生很多问题。在我国，很多企业在进行财务外包合同定价讨论中会用明确的期望值进行严格的评估，这样很容易脱离实际，形成一些被误导的期望值。因此，企业与服务商之间是否高度信任决定了整个定价协商的成败。我们要充分考虑成本的不确定性、市场经济竞争形势以及财务外包市场的不成熟，企业与财务外包服务提供商必须在从长远需求来考虑定价、达成规范的期望值等方面做出更多的共同努力。

（四）内部财务能力削弱风险

财务管理是企业经济管理的中心环节，财务管理能力直接关系到企业财务战略的选择，甚至会影响企业的生死存亡。纵观实际情况，我国大部分中小企业规模小、起点低，财务基础比较薄弱，它们更多的还是选择外包，即利用外部专业的财务管理能力来为自己服务。这在短期内带来了一定程度的专业化、低成本的竞争优势，但是长期来看，企业内部财务人员会逐步降低财务分析、风险控制等能力，失去了掌握专业财务技能和开展创新来构建企业核心竞争力的机会，最终将不利于企业的长期发展。因此，我们要树立正确的财务外包观念，在积极利用承包方优秀的专业能力和特殊人才为自身创造价值的同时，要加强自身的财务能力，培养优秀的财务管理人员。

第三节　创新财务会计理论

对会计行业来说，企业规模扩大、人员的增多，都迫使我们不能再以单一的会计核算模式来应对企业运行。大多数国内企业也都意识到这一问题。但由于我国各项发展还不够全面，市场监管、政策支持和人文环境等不够健全，使得财务共享服务中心的构建进展缓慢。本节以会计环境变化分析为依据，从政治、经济、人文三个角度探索会计环境的变化，紧接着从传统的财务会计理论体系和财务会计理论与时俱进后的创新管理体系两方面进行探究，对会计理论在新的经济环境下做出的改变加以分析。

一、会计环境变化的主要体现

随着国家大数据战略和"互联+"行动计划的实施，对会计制度的要求、会计人才的培养和经济环境的监督问题需要越加重视。而会计环境的变化必将引领财务会计理论的一体化创新发展。

（一）会计制度与"法制建设"结合度加深

我国一直倡导依法治国方略，目前，我国法制建设成果喜人。会计制度作为规范商业交易和往来的主要衡量标准，一直被不断更新完善。新会计法的颁布、资源税的改革、财政制度的改变都是法制与会计制度建设的结合产物，将刑法提升到一定高度，不仅起到规范作用，而且使企业财务会计获得了法律所固有的普遍性、规范性和强制性。

在法制化社会，加强会计法制建设不再仅仅是之前的经济惩罚，而是从完善会计法律体系、加强会计职业道德建设、广泛开展普法教育、加强会计监督检查这四方面来进行法制途径建设。会计行业法制建设的不断推进有力地推动和保障了行业规范和健康发展，在保护社会公众利益、保障资本市场安全和维护市场经济秩序等方面发挥了积极作用。

（二）会计人才需求多样化发展

随着信息化的发展和新时代经济发展的需求，对计算机技能、语言组织能力、外语能力等多样化的能力要求时刻考验着会计工作人员。尤其是 2017 年

11 月 5 日起实施的会计从业资格证考试的取消,进一步对会计从业人员进行洗牌,意味着其不再作为从事会计工作必需的准入证明。大数据、云计算的普及化要求会计人员掌握一定的计算机技能,而市场准入主体的变化却需要具备交流技能的人去引导他们进行会计核算。CMA(注册管理会计师)的兴起,全英文的考试形式,也预示着国内会计人才向高端化发展。此外,2018 年 5 月 3 日推出的关于推行终身职业技能培训制度的意见中,对从事会计行业人员的终身技能培训做出了要求,这也是会计人才环境变化的又一重大启示。

(三)会计结构的智能化改良

会计结构的智能化改良是会计环境变化的关键性体现。目前国内的诸如用友、金蝶和 SAP(主要针对外企)等财务软件企业都开发了智能化财务管理系统。经过定期的培训,结合企业自身财务需求,为企业量身订制的财务信息化管理平台,将财务管理集约化,将各个子公司、分公司账务一体化,在一个系统中实现管理、信息共享。子公司人员在一个系统登录,经过授权管理,就可以轻松获取想要知道的财务信息,节约人力、财力,一次投入,长久受益。

(四)会计记账模式信息化

过去手工记账的模式,只能局限在事后分析,往往还会出现大量的人为差错。加之会计成本分析日益复杂,涉及数据日益庞大,使手工操作的难度大大加强。而在如今的信息化条件下,就能建立从成本计划、预测、预算、控制到分析的一体化管理模式。计算机系统不仅能够快速准确地完成各项会计成本管理的工作,而且可以节省大量劳力、物力,有助于提高会计成本管理效率。信息化改造是企业管理改革的大趋势,因此也必须将原有的会计成本管理手工模式改造。

二、财务会计理论创新的实例分析

会计环境的改变促进了会计理论的创新,企业财务资本的扩张、会计报告模式的转变以及收益观念的变化都是财务会计理论创新的主要方面。下面以海尔集团的财务管理模式变革作为实例,来具体分析财务理论创新的表现。

海尔集团从 1984 年创立至今,经过了名牌战略、多元化战略等几个发展阶段。集团稳居世界 500 强前列,各产业链发展牢固。而海尔,从 2006 年开始进行财务信息化平台建设,至今已经有 14 个年头,各项建设也已经完成,财务从传统的会计模式向能够规划未来的管理会计型财务组织转型。在这期间，海尔全面优化了财务组织、业务流程和信息系统等，建立了海尔财务共享服务体系。业务财务、专业财务、共享财务，并把核算财务做了物理集中，也就是人员集中。业务财务成为驱动业务发展和构筑行业领导地位的战略伙伴，专业财务通过建流程、立标准驱动业务并利用税务、预算等专业知识创造价值，而作为高效交易处理的财务共享则实现了"集约型"转变，使资产核算、资金支付、费用报销、总账报表等核算流程从原财务组织中剥离出来，实现了海尔财务更集中的运营模式。

在这些转变中，涉及以下几个财务理论的创新。

（一）资本概念的范围被扩大

资本在传统会计中被定义为所有者投入生产经营，能产生效益的资金。它主要包括固定资产、无形资产和一些能够被计量的资产投入。而在海尔财务改革的过程中，资本涉及社会舆论资本、信息化建设的潜在投入资本和生态资本。社会舆论资本主要涉及微博、微信和 QQ 等自媒体时代的普及所导致的应对企业舆论导向的资本投入；信心化建设投入资本主要体现在本次改革中海尔公司所要支付的设备费用、软件维护费、人员电脑培训费以及未来几年定期的信息化平台维护费用；而生态费用则是社会发展方向的导向，生态环境保护中的污水处理、可循环再月资源等投入，这些都构成了会计资本概念的创新化发展。

（二）会计报告的模式转变

传统会计报告主要揭露的是企业的内外部经济资源、经营绩效情况、委托者想要知道的委托经营者经营的具体职责的执行情况以及现金流的变动情况。而新型的会计报告将实物信息之外的非货币性质的信息融入会计报告中。海尔的管理会计实践通过将传统的财务报表转化为每个自主经营体的战略损益表、日清表和人单酬表，使包括财务在内的各级组织与市场需求精准对接。通过建立零库存和零应收的营运资金管理，实现与供应商、经销商的双赢。

（三）收益观念的变化

会计上定义收益是指来自企业期间交易的已实现收入和相应费用之间的差额。这个差额的确认在传统的会计中以资本是否增值作为分界点。税法上对收益的确认必须是在收到"被投资企业分回的利润之时才能确认"，收到的时点改变会造成企业收益在报表上的直接反应。

在海尔的财务创新系统中，建成了标准化管理平台，用统一的标准来衡量企业收益的确认，形成了综合性的收益观念，综合各方面考量，通过搭建统一的标准化流程，建立统一的数据系统，实现了自动化管理。在业务流程全面共享、质量管理和流程标准化、信息一体化方面，通过流程穿刺、科目解析、信息反馈等共享质量管理，从事后的风险发现转化为事前的流程闭环及优化，用主动的风险预警推动业务端改善。

三、财务会计理论创新带来的问题

（一）员工观念跟不上创新趋势

信息化财务管理平台的提出，使得一些传统的会计工作者无法接受甚至出现了消极怠工的情况，企业没有办法将这些"老员工"一次性理清，而里边又存在着错综复杂的人事关系。在引进新员工的时候，新员工的理念是否和当前的企业财务管理理念相同也是需要注意的问题。

（二）财务管理信息化制度漏洞频出

软件的施行最终仍旧是通过人工的操作来实现的，虽然我们经常认为机械化比人工操作出现的错误少，但是仍不排除出现错误的可能。在财务信息化管理平台运行过程中，最容易出现的是信息管理制度不健全造成的失误。由于大部分企业只重视信息化平台的建设而忽视了它对销售阶段、售后服务阶段、经营营销阶段的维护，使得在这些阶段中的会计核算出现问题时，并不能及时解决，没有专人负责，使得制度形同虚设。

（三）会计工作者再教育力度不强

教育，一定要是连续、不间断的学习过程，对于处在财务会计理论创新第一线的会计工作者也是一样。通过调研发现，很多已经上线新型系统的企业中，会计工作者对新系统、创新理论的学习不积极，企业引导力度也不够大，对于企业下达的一些会计再教育通知置之不理的情况很多。面对会计理论、会计方法的创新，大多数会计工作者的接受能力还很低。

（四）信息化程度高于决策

财务会计职能的转变使得会计工作者的职能更多地偏向于管理。信息化程度越高，高层领导者决策的重要性就越大。然而在很多企业中，独立董事还没能够完全发挥出应有的职责。很多董事会和监事会只是在看过财务报表之后，简单地根据报表数据做出决策，并不是综合性判断的结果，最终造成企业决策偏向理论化而不是全面化。这和企业全面发展的期望是相悖的。很多上市的企业没能在财务系统出现问题或者财务决策出现失误以后及时发现，也是董事会只注重信息化会计决策数据而没能更好地行使决策权造成的。

四、应对财务会计理论创新的措施

企业经济管理，一定要做到与时俱进、及时创新，才能永葆生机与活力。

（一）更新观念，培养全员创新意识

随着现代市场经济的快速发展，任何企业要想在这激烈的市场环境中巩固自己的地位都需要不断地更新经营理念，尤其是转变会计理念，实现创新，从众多公司中脱颖而出。针对企业经济管理需要，不断地变革财务管理人员的理财观念以及培养企业员工的成本控制意识。具体可以将企业的成本管理实行多层次的控制管理，明确企业每个部门的控制责任，成本核算的任务等，将企业整体规划的成本控制逐层确立，使得会计成本的确认推行更为细致。让员工们在工作的过程中能够领略成本控制的重要性，从而逐步培养企业员工的自我成本控制意识和行为。此外还可以在企业内部推行成本控制奖惩制度，对于那些成本控制表现优异的员工可以给予一定的奖励，激励更多的员工能够培养成本控制意识，实现企业全面性的成本控制体系，增强企业的市场竞争力。

（二）建立完善的信息化财务管理系统

在企业中建立信息管理制度，对市场的产品信息进行全面的掌握，从而为建立企业的财务管理体系奠定良好的基础。这些信息不仅包括竞争对手的产品信息、整个市场商品发展的趋势和产品的定价，还包括客户的喜好以及客户的需要等信息，也是企业制订财务系统管理的重要标准。企业通过对市场上客户的需要进行分析，能够正确地处理产品的成本和客户、市场之间的关系，促进企业的快速发展。

（三）促进会计工作者职业再培训的实施

应通过建立一个科学合理的培养、评价、选拔会计人才的竞争机制来调动

他们的积极性。多形式、多渠道、多层次开展会计专业在职教育活动；支持各地区、各部门、各行业和多种办学力量在保证质量的前提下参与会计的在职教育，帮助会计从业人员树立良好的会计职业道德和开展会计诚信建设；加强会计职业道德和职业法规教育，全面提高会计人员素质。此外，企业内部要多支持、多倡导会计工作者开展额外技能的学习，包括组织学习外语技能等，通过建立健全激励机制将会计工作者的学习热情调动起来，实现终生学习、终身职业培训学习的目标，为企业人才储备奠定基础。

（四）健全独立董事制度和监事会制度

信息化程度的提高意味着人员的减少，但是也容易使一些不法分子借用企业漏洞对企业造成伤害。因此，建立健全独立董事制度和监事会制度是最好的解决办法，可以从根源上控制问题的发生。我国当前的信息化水准已经提高，但是在上市公司监事会这一块的职能作用也应该被重视。首先，应该根据不同公司的不同情况来确定监事会的规模大小，在监事会人员组成上，除出资人代表外也应当有一个外部的人员参与，对监管而言，也同样需要较高专业的水准。其次，监事的工作也是需要被激励的，一方面激发成员工作积极性，另一方面也要问责出现问题的监事成员，适当做出惩戒。最后，制订监事制度，由持有相关资格证书的专业人员担任监事一职，并且规定凡是担任了本企业的监事人员就禁止其在公司同时拥有其他职务。

第四节　实现财务会计信息数据共享

一、数据共享模式对财务工作的影响

一直以来，会计信息的收集主要以结构化数据为主，大数据时代的到来为我们带来了一种全新的、富有创造力的会计技术环境。在这个背景下会计工作产生了大量的非结构化数据，如各类报表、图形、图像、音频和视频信息等。企业如果能有效且精准地分析这些非结构化数据，将会给自身带来巨大的竞争优势和发展潜力。

（一）促使企业的财务工作转型

对企业决策者而言，拥有管理思维模式的财务工作人员完成企业财务分析和战略制订，可以更好地创造企业效益。传统的财务工作缺乏战略思维，只看重财务、数据、报告，忽视业务、信息、分析等实质性工作，财务人员的大量时间在处理经济业务，信息化水平较低，最终对整个企业的经营管理提供的信息是有限的；而且这些财务数据来自发生过的业务，即历史数据，不会对企业将来的经营期间做出明确的指导。所以数据共享模式下，企业管理层合理配置资源、优化决策，对当前和未来的经济活动进行预测、决策、规划、控制，能够在企业经营管理中发挥更大的作用。

（二）促使企业管理创新

大数据技术推动企业信息化进入新的发展阶段，企业管理方式发生变化，比如扁平化组织形式和商业规则正在形成，新技术和管理的创新融合赋予管理会计新的内涵。具体说来，在过去企业只局限于应用内部财务数据，现在大数据信息的采集处理扩展了管理会计的数据范围，使得企业对定额管理、项目造价、经营预测等合理性评估变得可行；同时，为管理会计深化应用提供了新的路径和方法。

（三）促使会计人员成为管理型会计

面对现在的大环境，随着财务信息化的普及和发展，越来越多的企业需要管理和财务复合型的人才。传统的财务工作很快被智能工作所取代，会计人员只有加强学习，提升业务能力，转型成为企业管理型人才，才不会被行业的发展所淘汰。大数据时代，财务部门在企业中也将成为综合性很强的部门，会计人员需要有一定的知识广度，对企业生产经营流程控制、内部管理和财务控制、企业战略决策、风险管控和成本分析等管理方式和具体工作能力提出了更高的要求。所以在数据共享模式下，会计人员逐渐形成系统性和管理性思维，熟练地进行会计核算，成为真正的管理型会计，将财务会计与管理会计工作真正融合在一起，才能推动企业价值的实现。

二、数据共享模式下管理会计与财务会计融合的必然性

会计体现了社会生产关系，随着生产力的进步而不断发展。在数据共享模式下，管理会计和财务会计融合是会计发展的一项重大突破，是对企业会计的

深度完善，更是经济发展到信息时代的必然结果。企业各类财务信息在数据共享模式下，都要以管理会计的工作要求去扩大信息范围，最终充分发挥会计的职能。

（一）管理会计与财务会计融合的理论基础

从理论上讲，会计学包含了会计和管理两个方面。在实务中，会计部门的管理会计职务与财务会计记账核算人员只是分工上的不同，它们是一个完整的会计体系。管理会计和财务会计都是对企业各种资源要素的确认、计量和控制，两者从企业内外不同角度对待企业的经营活动，发挥不同的职能作用，但是目的一致——都是加强企业经营管理，提高企业经济效益，这为两者的融合奠定了目标基础。

（二）管理会计与财务会计融合的必然性

大数据时代，将全方位地改进企业的商业模式和数据分析思路，而且由于信息技术、电子商务等交易方式不断创新，催生了很多新型业务。管理会计和财务会计的融合，就是将企业的财务活动同管理行为紧密联系在一起，从业务开始时就介入其中，并给出信息化数据去支撑经营决策。随着大数据技术的进一步深入，两者有序地融合还会进一步促进企业实现管理会计信息化，使企业在新的发展时期，经营预测、预算管理、运营分析、成本管理活动能够顺畅地开展，最终实现企业战略发展目标。

三、数据共享模式下财务会计向管理会计转型存在的问题

现在，我国只有经济发达地区的优质企业强调了管理会计的功能，并积极推进其在企业中的实际应用，但是在大多数企业中仍未有效地运用管理会计，没有建立一套管理会计应用体系。

（一）缺乏会计工作转型意识

企业认为财务部门是非核心部门。管理者认为，财务会计做好日常核算、编制报表、申报纳税等工作，不需要参与到企业管理和决策中去。但是目前我国企业普遍存在管理会计发展水平低的现实情况，更没有认识到大数据时代管理会计信息化的重要性。忽视管理会计信息化实际就是忽视面向管理会计的财务信息化，这些都直接制约了财务会计向管理会计的转型。这些都是企业缺乏

会计工作转型的意识所带来的停滞不前，忽视信息时代给企业带来的翻天覆地的变化，使很多企业的财务工作仍停留在电算化阶段。

（二）会计人员工作能力有限

管理会计的发展离不开信息化的支持。在大数据时代，企业中的会计人员不仅要有专业知识和业务处理能力，还需要熟悉统计和运筹技术，掌握数据分析能力，能够对经营问题直面分析论证，并提出相应策略去解决问题，而这些恰恰是现在企业会计人员所缺乏的。

（三）财务数据的安全性有待进一步保障

在大数据时代背景下，数据传输速度快，且常有网络病毒和黑客入侵，网络安全受到了很大挑战，给企业管理会计工作也带来了考验。此外，数据的受众越多，其被窃取和泄露的可能性就越大。企业内部人员有可能因为职业道德的缺失而泄露企业的财务数据，尤其是核心财务数据，这些都会给管理会计的安全性带来冲击。所以，为了有效提高企业数据安全性，促进财务会计和管理会计的融合发展，需要进一步保障企业管理会计安全性。

四、加强数据共享模式下财务会计和管理会计有效融合的可行性建议

中国企业已积累了一定的会计工作经验，会计工作取得了显著的成果，但是，中国企业内部管理会计的运用还不普遍、不精细。同时，企业经营的市场化、国际化和信息化又日益成为中国企业管理会计必须发展的基本动因。在大数据背景下，在企业的运营模式、业务决策确定的过程中，财务必须参与进去，会计人员要从业务的角度去探讨项目是否可行，进一步融入企业未来业务发展和对应的资源配置等具体问题中去，这是不可阻挡的历史潮流。

（一）建立数据共享的基本运行机制

我国企业对管理会计应用现状不仅体现在应用管理会计普及度上，也体现在企业对信息与数据的获取与处理深度上，所以进一步提升企业对业务财务数据与信息的获取与处理能力是企业有效应用管理会计的关键所在。构建财务与业务的数据共享平台，有效融合业务系统、ERP系统、预算平台、数据分析平台等多重数据来源，能为企业提供多方面、多层次的管理分析和经营决策支持。根据国家财政部倡导建立管理会计指导下的财务共享中心，其财务核算方式颠

覆了传统的财务会计的工作方式、流水线的运作模式，借助于标准化的流程、精细的专业分工和信息技术，提高财务工作效率，也为企业管理报告提供一个贯通上下、融合业务和财务的立体式数据支撑体系，使企业低成本地获得大量的业务和财务数据，为管理会计报告的编制奠定了基础。

（二）转变高层管理者和会计人员的观念

会计工作强调专业性和技术性，企业管理者必须意识到企业绝对不能只停留在财务会计层面，应积极推动企业会计工作转型升级，促进财务会计和管理会计结合，突出价值链管理。同时随着企业运营越来越强调一体化，要求财务活动与经营管理也要一体化。所以在大数据时代，需要企业管理者有一个根本意识的转变，即从原来重视资本市场和筹资融资活动，转向更加重视实体经济，从而提升企业管理者对管理会计的重视程度。而企业会计人员也要转变观念，要打破现有工作定式和思维惯性，除了专业知识，管理能力也必须提升，因为只有学会利用大数据技术对企业运营风险、发展前景进行分析与评估，才能给管理决策者提供有价值的参考意见，帮助企业实现价值最大化。

（三）构建企业管理会计信息化

虽然大数据时代的到来给企业带来了巨大的数据信息，且数据是纷杂的，企业只要建立良好的数据处理平台，充分掌握一定的数据处理能力，就能够将管理会计和财务会计更好地融合在一起。传统的会计核算工作需要大量人力、物力，处理速度慢、效率低。管理会计信息化是会计工作发展的大趋势。同时，企业管理者依靠建立的多维度、多层次的核算理念和会计数据体系进行科学的预测，并运用管理会计的技术方法，制订正确的、符合企业实际情况的经营和考核政策，促进企业提升管理水平和价值创造，最终减少企业经营风险。

（四）发掘数据的价值，实现管理智能化

大数据时代，企业要结合自身的实际情况，开发出新的管理会计工具，以促进管理会计和财务会计的融合，比如预算管理、战略管理、作业成本管理、本量利分析、平衡计分卡。具体来说，要想挖掘数据价值，实现管理智能化，企业应以价值为导向，加强数据、计算能力及模型、算法各方面的能力，充分利用管理会计工具，以实现数据和管理的智能化。

参考文献

[1] 江浪 . 探索高校智能财务管理体系构建 [J]. 商讯，2023（24）：21-24.

[2] 陈林岚 . 人工智能时代企业财务数字化转型的路径探究 [J]. 中国集体经济，2023（34）：133-136.

[3] 杨寅，刘勤，吕晓雪 . 企业智能财务建设的因素、应用与效果研究 [J] 会计之友，2023（24）：138-144.

[4] 张跃东 . 数字经济时代企业财务管理的智能化发展模式研究 [J]. 中国集体经济，2023（33）：122-125.

[5] 汪迦声，许剑红，廖思婕 . 人工智能与医院财务数据的融合应用研究 [J]. 商业观察，2023，9（33）：21-24.

[6] 叶丽霞 . 证券公司智能财务共享服务中心构建研究 [J]. 财会学习，2023（32）：146-148.

[7] 张颖 . 融资租赁企业的智能财务转型 [J]. 纳税，2023，17（32）：64-66.

[8] 吴宁宁 . 基于多元智能结构理论的高职财务管理教学改革 [J]. 陕西教育（高教），2023（11）：64-66.

[9] 李晓静 . 人工智能下集团公司财务共享中心搭建的问题及策略 [J]. 财会学习，2023（31）：8-10.

[10] 王雪锋 . 高职院校加强智能财务建设研究 [J]. 财会学习，2023（31）：71-73.

[11] 吴凡，原学军，刘甜甜 . 人工智能背景下企业智能财务体系建设 [J]. 财会学习 2023，（31）：35-37.

[12] 兰斌懿 . 智能财务视角下企业业财融合管理模式研究 [J]. 财会学习，

2023（31）：65-67.

[13] 史悦君 . 智能财务对高校数字化转型的影响研究 [J]. 市场周刊，2023，36（11）：91-94.

[14] 杜菁昱 . 智能财务时代对企业费控管理的实质性改变 [J]. 财经界，2023（31）：93-95.

[15] 李欣，赵蕊芬 . 数字化技术在制造业企业财务管理中的应用研究 [J]. 忻州师范学院学报，2023，39（5）：55-58.

[16] 高俊杰 . 人工智能在企业财务信息化建设中的应用研究 [J]. 财会学习，2023（30）：49-51.

[17] 智峰 . 人工智能在财务管理中的应用分析 [J]. 行政事业资产与财务，2023（20）：109-111.

[18] 罗祝兰 . 企业智能财务共享服务中心的建设现状及优化研究 [J]. 中小企业管理与科技，2023（20）：185-187.

[19] 马仪明 . 人工智能在企业管理决策中的探索应用研究 [J]. 辽宁经济，2023（10）：64-70.

[20] 廖小清 . 数字经济背景下智能财务的探索 [J]. 内蒙古科技与经济，2023（19）：70-76.

[21] 夏艺纯 . 人工智能视角下集团财务共享中心流程优化研究 [D]. 桂林：桂林电子科技大学，2023.

[22] 杜锐 . 电网企业智能财务中台化管理体系构建研究 [D]. 济南：山东财经大学，2023.

[23] 刘红 . 集团财务智能化转型研究 [D]. 济南：山东大学，2023.

[24] 江懿繁 . 资管公司智能财务管理的优化研究 [D]. 上海：华东师范大学，2022.

[25] 幸晨 . 公司智能财务共享服务中心建设及优化研究 [D]. 北京：华北电力大学，2022.

[26] 皮咏曦 . 高校智能财务体设计及构建研究 [D]. 昆明：昆明理工大学，2022.

[27] 蔡静 . 基于智能财务背景的企业财务管理优化研究 [D]. 北京：对外经

济贸易大学，2021.

[28] 贺丽谕.智能财务祝角下集团企业财务转型研究 [D].西安：长安大学，2021.

[29] 陈婧姝.高校智能财务管理系统构建研究 [D].湖南：中南林业科技大学，2021.

[30] 郑佳雪.集团型企业智能财务转型的策略与路径研究 [D].哈尔滨：哈尔滨商业大学，2021.

[31] 王艳茹，应小陆，桉树军，等.创业企业财务管理 [M].北京：中国人民大学出版社，2022.

[32] 蒋泽生，宋慧骏，刘培银，等.财务管理决策实务技能训练 [M].北京：中国人民大学出版社，2021.

[33] 李俊秀.企业财务管理的转型与创新研究 [M].云南：云南人民出版社，2019.

[34] 姚江红，张荣斌，等.财务管理 [M].南京：南京大学出版社，2019.

[35] 王玉春.财务管理学习指导与练习 [M].南京：南京大学出版社，2018.